180 ans de relations diplomatiques entre la France et la Serbie

Illustration de couverture :

Monument aux rois Pierre Ier de Serbie, le libérateur,
et Alexandre Ier de Yougoslavie, l'unificateur.
Bronze de Real del Sarte de 1936.
Sur le piédestal en granit rose, sont représentés le roi martyr à cheval entouré du maréchal Franchet d'Espérey, de son père le roi Pierre Ier de Serbie, le vovoïde Putnik, commandant des armées serbes.
Des paysans serbes complètent le tableau.
Place de Colombie. Square Alexandre Ier de Yougoslavie 75116 Paris

Sous la direction de Jean-Paul Bled

180 ans de relations diplomatiques entre la France et la Serbie

Publié avec le concours de
l'Ambassade de Serbie en France

SPM
2022

Cet ouvrage constitue les Actes du colloque organisé
par S. E. Mme Nataša Marić,
Ambassadeur de la République de Serbie en France,
à l'occasion du 180e anniversaire de l'établissement des relations diplomatiques entre la France et la Serbie
le 20 novembre 2019 à la Résidence de l'Ambassadeur.

ISBN : 978-2-37999-081-6

Éditions SPM 16, rue des Écoles 75005 Paris
Tél. : 06 86 95 37 06
courriel : lettrage@free.fr - site : www.editions-spm.fr

DIFFUSION – DISTRIBUTION : L'Harmattan
5-7 rue de l'École-Polytechnique 75005 Paris
Tél. : 01 40 46 79 20 – télécopie : 01 43 25 82 03
– site : www.editions-harmattan.fr

Avant-propos

par Son Excellence Mme Nataša MARIĆ,
Ambassadeur Extraordinaire et Plénipotentiaire
en France

Et demain lorsque nous seront rentrés dans nos foyers, et si nos mères sont encore en vie, elles nous accueilleront et nous demanderont : « Comment étiez-vous en France ? »

Nous leur répondrons : « Nous y étions bien ».

Si nos femmes et nos sœurs sont encore en vie, elles nous accueilleront et demanderont : « Comment étiez-vous en France ? »

Nous leur répondrons : « Nous y étions bien ».

Si nos enfants qui ont connu les plus grandes épreuves de ce monde sont encore en vie, ils nous accueilleront aussi, mais leur bouche ne saura pas nous poser cette question, ils nous demanderont tout simplement : « Où est donc cette France qui nous a sauvés ? ».

Au lieu de leur répondre, nous mettrons la main sur notre cœur et nous leur dirons : « Voilà, la France est ici ! », et nos enfants nous comprendront bien.

Ainsi décrivait le célèbre poète serbe Vladislav Petković Dis l'amour et la gratitude du soldat serbe de la Première Guerre mondiale envers le pays auprès duquel il avait trouvé refuge et qui lui avait permis de guérir ses blessures alors qu'il rêvait de retrouver sa famille et sa patrie. C'est par ces mêmes paroles que l'acteur serbe Predrag Miki Manojlović a salué le président

Emmanuel Macron lors de sa visite à Belgrade les 15 et 16 juillet 2019 sur l'invitation du président de la Serbie, Aleksandar Vučić. Cette visite, réalisée dix-huit ans après la dernière visite du président français Jacques Chirac à Belgrade, a confirmé entre autres le chemin ascendant des relations bilatérales entre la France et la Serbie. Elle a eu lieu l'année où l'on marquait les 180 ans de l'établissement des relations diplomatiques entre les deux pays.

Force est de constater qu'il existe un large consensus au sein de la communauté diplomatique sur l'honneur qui vous est accordé de représenter votre pays en France, en plus du prestige indéniable que cette fonction apporte en elle-même, c'est l'une des tâches diplomatiques qui demande le plus de responsabilités, d'exigences, et à la fois, l'une des plus belles. Néanmoins, cela est en corrélation directe avec le niveau d'attentes au regard des résultats de votre travail en France. Trouver le moyen de représenter avec succès votre pays, de mettre en avant ses valeurs, son héritage, ses intérêts dans le pays qui est à la fois le seul membre permanent du Conseil de sécurité des Nations Unies issu de l'Union européenne, l'un des initiateurs et fondateurs de l'UE, l'une des principales puissances économiques mondiales et, surtout, la capitale culturelle mondiale, constitue un immense défi.

Dès le début de mon mandat, en plus des activités pour améliorer les relations politiques et économiques entre la France et la Serbie, j'étais déterminée à consacrer ma mission à la promotion de la culture serbe et à faire connaître tous les potentiels que possède la Serbie ; en effet, bien qu'ils soient nombreux, ils sont insuffisamment connus du public français. Cela n'a rien d'étonnant, dans la mesure où la France est une superpuissance culturelle et où tous les pays du monde veulent être présent sur cette scène.

Nonobstant, en même temps cela nous encourage à aborder la culture sous un angle particulier, c'est-à-dire en tant que moyen extraordinaire de promotion nationale. Le fait que le Centre culturel de Serbie à Paris se situe au cœur de la ville, juste en face du Centre Georges Pompidou, et il y a encore peu, était le seul Centre culturel serbe au monde, illustre bien l'importance de cette démarche. Ce lieu culturel fut fondé au siècle dernier dans les années soixante-dix et il est associé à de nombreuses figures historiques, aux artistes serbes de renom et à un certain nombre d'événements dont on parle encore aujourd'hui.

J'ai pris mes fonctions fin novembre 2018 tout en sachant que l'anniversaire de l'établissement des relations diplomatiques en 2019 approchait, le privilège ainsi que le plaisir notable d'organiser sa commémoration a pris place tout en haut de ma liste de priorités pour cette année-là. Peu de temps après mon arrivée à Paris, j'ai contacté des professeurs, des journalistes, des diplomates et des écrivains français, à la fois grands connaisseurs des relations franco-serbes et des amis avérés du peuple serbe.

Lorsque vous travaillez à Paris en tant que diplomate serbe, le fait que bon nombre de vos interlocuteurs français, ou certaines de leurs connaissances, aient un parent plus ou moins proche qui a participé à des efforts militaires communs célèbres, ou qui est un connaisseur de l'histoire de la Serbie et de son amitié traditionnelle avec la France, est d'une grande aide. Il n'est pas rare d'être agréablement surpris lors d'une visite dans une petite ville dans les montagnes françaises, ou lors d'une visite sur la Côte d'Azur, où vous vous retrouvez comblés par l'amour et la chaleur des habitants quand vous dites simplement que vous êtes de Serbie. Telle est par exemple, l'histoire de la ville de Jausiers dans l'arrière-pays niçois, ou bien celle de la Corse, où pendant la Première Guerre mondiale des Serbes qui ont dû quitter leur patrie occupée ont trouvé refuge.

Mais les relations entre nos deux peuples remontent encore bien plus loin dans l'Histoire. Une promenade le long de l'avenue de la reine serbe Nathalie à Biarritz vous le rappellera, ou bien la visite du sublime château de Chenonceau sur le Cher, où vous aurez l'occasion d'admirer la tapisserie du XVIe siècle d'Audenarde relatant la bataille de Kosovo Poljé.

Outre le travail dévoué de générations de diplomates serbes sur la réalisation de nos priorités de politique étrangère, en tant que l'une des tâches les plus importantes de la diplomatie serbe, ou du moins pour les diplomates de ma génération, je vois l'amélioration de l'image de la Serbie qui a dominé les médias occidentaux au cours des dernières décennies, bien qu'elle soit toujours affectée par le poids des guerres sur le territoire de l'ex-Yougoslavie. Dans les conversations avec des journalistes, des analystes et des étudiants, je rencontre souvent des opinions formées exclusivement sur la base des événements de la période de guerre des années 90 du XXe siècle, qui sont imprégnées de clichés, et, parfois, interprétées unilatéralement.

J'ai donc vu la célébration du 180e anniversaire de l'établissement des relations diplomatiques comme une excellente opportunité pour que les intervenants présentent le lien vieux de près de deux siècles, soulignent la continuité et la richesse des relations entre nos pays et nos peuples, mais également qu'ils nous rappellent certains faits que l'on a tendance à oublier, ou à minimiser. Je reste fermement convaincue que pour les Français et les Serbes, il s'agit là d'une base extrêmement solide et saine sur laquelle perpétuer les anciennes et construire de nouvelles relations mutuelles avec énergie et amour, tout en saisissant toutes les opportunités que l'ère des communications rapides, directes et de masse dans le monde d'aujourd'hui, notamment les opportunités offertes à nos jeunes qui de par leur nature sont ouverts, curieux et tournés vers la nouveauté.

Je considère la célébration du jubilé, dont le contenu est transcrit dans cet ouvrage, comme une petite contribution à fort symbolisme pour préserver la mémoire des défis que nos deux pays ont traversés à différentes époques de leur existence, et qui peuvent servir de fondement pour une meilleure compréhension du contexte et de l'évaluation des relations entre Paris et Belgrade aujourd'hui. J'ai abordé la conception et la réalisation de ce jubilé avec dévouement, avec un grand enthousiasme et une foi inébranlable en l'importance de cette cérémonie afin de nourrir et rappeler la profondeur et la complexité des relations entre la France et la Serbie.

Je souhaite en quelques mots évoquer également la qualité de nos relations ces dernières années. Les relations entre la France et la Serbie sont jugées excellentes. Elles sont dynamiques, diversifiées et vives, et sont créées par de nombreuses personnes qui, de manière formelle et informelle, donnent une impulsion à leur développement futur. Le cœur même de ces relations est un dialogue politique particulièrement développé qui porte sur un certain nombre de questions des plus importantes, telles que la future adhésion de la République de Serbie à l'Union européenne, ou la coopération dans le domaine de la sécurité, qui est une priorité absolue dans les politiques nationales, ainsi que la préservation des valeurs européennes et de la paix mondiale.

Les relations économiques sont également en hausse, comme en témoigne la croissance constante du commerce extérieur entre les deux pays, de même qu'un grand nombre d'investissements français réussis qui sont présents, de plus en plus, en Serbie, et le seront d'autant plus avec la participation des entreprises françaises à l'un des plus grands projets d'infrastructure dans les Balkans, à savoir la construction du métro de Belgrade.

Notre coopération dans le domaine du multilatéralisme revêt également une importance significative. Cela se reflète, entre autres, dans nos activités au sein des organisations internationales, et en particulier dans notre engagement dans les projets de l'Organisation internationale de la francophonie, auprès de laquelle nous avons la ferme attention d'améliorer notre statut et devenir État membre de plein droit.

Au-delà du dialogue bilatéral qui existe entre les responsables et les institutions des deux pays afin d'enrichir de manière durable et substantielle les relations entre leurs peuples, les liens établis par des individus inspirés, motivés et engagés représentent une considération particulière. De par leurs connaissances et leur créativité, ils mettent l'accent sur des événements historiques qui témoignent de ce qui est le plus noble et le plus humain en nous, et les empêchent d'être oubliés. J'ai rencontré certains d'entre eux, Français et Serbes, et je suis heureuse de les revoir car je connais l'importance de leur travail pour l'alliance pérenne et essentielle de nos deux peuples.

Enfin, je voudrais souligner que tous les intervenants qui ont pris part au Colloque organisé à l'occasion du 180e anniversaire de l'établissement des relations diplomatiques entre la France et la Serbie à savoir le professeur Jean-Paul Bled, le rédacteur en chef de la *Nouvelle Revue universelle,* Monsieur Christian Franchet d'Espèrey, le professeur Frédéric Le Moal, le journaliste et écrivain, Monsieur Jean-Christophe Buisson, l'ancien ministre, sénateur et député, Monsieur Jean-Pierre Chevènement et l'ancien Ambassadeur de France à Belgrade, et actuel Directeur de l'Europe continentale au Quai d'Orsay, Monsieur Frédéric Mondoloni, qui nous ont fait l'honneur d'accepter l'invitation et ont contribué à cet événement solennel, prouvant une fois de plus leur amitié et leur engagement envers le peuple serbe, et je saisis cette occasion pour les remercier sincèrement. Également je souhaiterais remercier M. Éric Ledru qui a initié cette publication qui restera un document permanent, c'est-à-dire un témoignage de la cérémonie marquant le jubilée des relations amicales entre la France et la Serbie.

2019 ayant pris fin, nous sommes entrés dans l'année d'un autre jubilé : le Centenaire de la décoration de la Légion d'honneur décernée à la ville de Belgrade en décembre 1920, et à ce jour, la capitale de mon pays est l'une des sept villes étrangères dans le monde à avoir reçu cette haute distinction de la République française. Affecté par la pandémie de Covid19, ce jubilé est passé inaperçu, sans commémoration, mais dès que cela sera possible, nous saisirons l'occasion de nous réunir et de célébrer à nouveau notre partenariat vieux de deux siècles.

Ainsi, dans les prochaines années, je vois les relations entre la France et la Serbie comme un cours à double sens de plus en plus dynamique dont l'intensification, en plus du dialogue politico-diplomatique, reposera sur l'inclusion du plus grand nombre possible de Français et de Serbes, surtout issus des milieux académique, culturel et des affaires qui de par leur ouverture et de nouvelles idées permettront d'élargir les domaines de coopération et d'amitié de nos peuples.

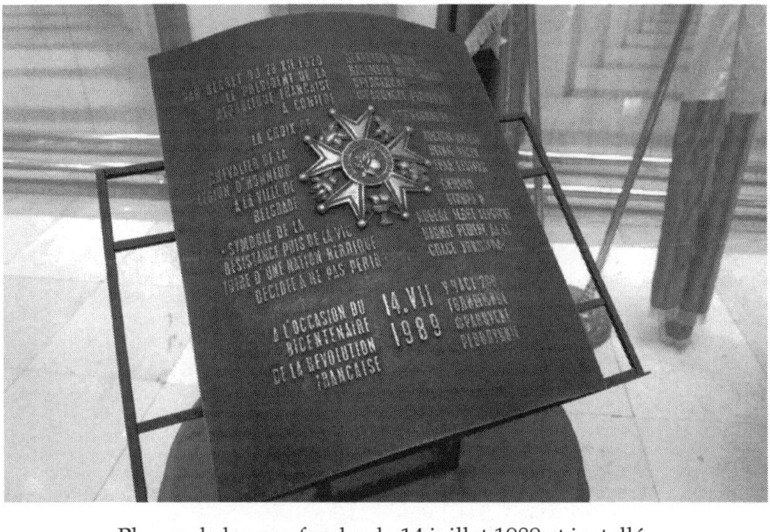

Plaque de bronze fondue le 14 juillet 1989 et installée à l'Hôtel de Ville de Belgrade, commémorant l'attribution par le président de la République française le 28 décembre 1920 de la Légion d'honneur à la ville de Belgrade.

Son Excellence l'Ambassadeur de la République de Serbie à Paris
Mme Nataša Marić avec à sa droite Jean-Pierre Chevènement
et à sa gauche le Professeur Jean-Paul Bled lors du colloque tenu
le 20 novembre 2019 à la Résidence de l'Ambassadeur.

Présentation

par S. E. Mme Nataša Marić

Bonsoir et bienvenue à la Résidence. Nous sommes réunis ici ce soir pour célébrer le grand jubilée, à l'occasion du 180e anniversaire de l'établissement des relations diplomatiques entre la Serbie et la France ; ainsi grâce à nos prestigieux invités qui participent à ce colloque, nous aurons la possibilité de voir et de connaître ce qui a depuis près de deux siècles marqué les relations entre nos deux pays.

À ce sujet, nous aurons l'occasion d'entendre ce soir le professeur Jean-Paul Bled, Monsieur Christian Franchet d'Espèrey, le professeur Frédéric Le Moal, le journaliste et écrivain Monsieur Jean-Christophe Buisson, l'ancien ministre, sénateur et député, Monsieur Jean-Pierre Chevènement, et l'ancien Ambassadeur de France à Belgrade, Monsieur Frédéric Mondoloni, actuel directeur de l'Europe continentale au Quai d'Orsay.

Bien que l'on retrouve au cours de l'Histoire des traces de contacts entre la France et la Serbie qui existaient déjà au Moyen Age, notre voyage historique de ce soir débutera le 6 novembre 1838, date à laquelle le ministre des Affaires étrangères de l'époque, le comte Louis-Mathieu Molé, a pris la décision officielle d'ouvrir la première représentation diplomatique à Belgrade sous l'appellation « Agence consulaire française en Serbie ». Le 19 mars de l'année suivante à Kragujevac, alors capitale de la Principauté, le prince Miloš Obrenović a reçu les lettres de créance de Monsieur François Duclos, et la première mission diplomatique française a été ouverte officiellement le 24 mars 1839 à Belgrade.

L'établissement des relations diplomatiques dans le sens moderne du terme intervient après le Congrès de Berlin quand la Serbie acquiert le statut d'État souverain et est reconnue officiellement au niveau international comme État indépendant. Ainsi le diplomate français le baron Alexis des Michels rencontre les 5 et 6 mars 1879 à Niš le prince Milan Obrenović à qui il remet ses lettres de créance en tant que premier Ambassadeur de France en Serbie. La même année a lieu l'ouverture de l'Ambassade de Serbie à Paris, et le 30 janvier 1880, M. Jovan Marinović en tant qu'Ambassadeur de Serbie en France remet ses lettres de créance au Président français Jules Grévy.

Nos congressistes de ce soir nous raconteront plus en détail et nous fourniront d'autres faits amusants sur l'histoire des relations franco-serbes. Avant de passer la parole à notre premier intervenant, le Professeur Bled, je souhaite souligner ce qui caractérise de manière la plus simple et la plus essentielle notre compréhension des relations entre nos deux pays.

La France a toujours été le pays qui nous est le plus proche de tous les pays de l'Ouest. Alliés pendant la Première tout comme lors de la Deuxième Guerre mondiale, nos liens culturels, éducatifs, familiaux et tous les autres liens qui ont été nourris et forgés par de nombreux citoyens de nos deux pays, sont si profondément enracinés et présents dans notre mémoire historique, l'éducation et l'instruction de nos enfants, qu'il est impossible de penser autrement que de continuer à renforcer, améliorer et rendre toujours plus prospères nos relations.

Parce que la France a toujours eu une place de choix pour nous, les Serbes, et que nos attentes vis-à-vis de Paris, ainsi que nos réactions vis-à-vis la politique française, ont toujours été marquées d'une sensibilité particulière de la part de nos dirigeants mais aussi de nos citoyens ordinaires.

Je saisis cette occasion pour remercier tous ceux qui travaillent avec dévouement à améliorer les relations entre nos deux pays – les représentants officiels, les politiciens et les diplomates, les journalistes, la communauté académique, les artistes, ceux qui œuvrent pour la culture et bien sûr notre diaspora.

Pour finir, permettez-moi de réitérer mon engagement en tant qu'Ambassadrice de Serbie à Paris de faire tout mon possible afin de renforcer nos relations pour le bien-être de nos deux peuples, et je vous invite à me rejoindre dans ce voyage.

Vue sur le public lors du colloque.

La France et la Serbie de 1839 à 1918

par le Professeur Jean-Paul Bled

La France est d'abord représentée en Serbie par un Consulat mis en place en 1839. À cela rien d'étonnant puisque la Serbie a alors le statut d'une principauté vassale de la Sublime Porte. La France l'assiste dans sa longue marche vers la souveraineté et l'indépendance nationale acquises officiellement l'une et l'autre au Congrès de Berlin de juin/juillet 1878. Quatre ans plus tard, la Principauté devient un royaume.

Durant toute cette période et au-delà, la France est vue par les élites serbes comme un modèle politique, une école de libéralisme, puis une école de démocratie, un modèle qui, à des titres divers, sert de référence aux partis politiques serbes, les libéraux, les progressistes et les radicaux. La pénétration de ces idées est favorisée par le séjour d'étudiants serbes en France, boursiers de leur gouvernement et ce depuis le début des années 40, au rythme de 1 à 5 par an. L'habitude se prend d'ailleurs de les appeler les « Parisiens ». Certes, la France n'est pas la seule destination des jeunes Serbes étudiant à l'étranger. Certains fréquentent les universités autrichiennes, d'autres des universités allemandes. Mais c'est en France qu'avec le temps le phénomène prend le plus d'ampleur et revêt le plus de conséquences. Il se poursuit jusqu'à la Grande Guerre. Après leur retour en Serbie, les « Parisiens » accèdent dans le cours de leur carrière aux plus hautes fonctions dans la politique, la diplomatie, l'Université.

La France est vue comme un soutien pour la réalisation du programme d'indépendance nationale, voire au-delà d'un programme d'inspiration grand-serbe. C'est ici qu'l faut parler de la grande figure d'Ilija Garasanin qui théorise en 1844 ce programme dans l'ouvrage fameux du *Nacertanie* (L'Esquisse). Garasanin sera le Président du Conseil et le ministre des Affaires étrangères du prince Michel de 1861 à 1867. L'objectif de la Serbie, explique-t-il, doit d'abord être de s'émanciper de la tutelle ottomane pour devenir ensuite le pivot d'une union sud-slave qui irait de la Bosnie-Herzégovine à la Bulgarie. Pour la réalisation de ce programme, Garasanin ne compte sur le soutien ni de l'Autriche ni de la Russie qui ont l'une et l'autre des visées dans les Balkans. Il se tourne en revanche vers la France pour les idées qu'elle incarne, mais aussi parce qu'elle n'est pas une puissance balkanique et ne cherchera donc pas à placer la Serbie sous sa dépendance.

Garašanin est aux commandes, on l'a dit, sous le règne du prince Michel qui correspond en France à celui de Napoléon III. L'empereur des Français est vu comme un modèle par le prince Michel dont le régime autoritaire s'inspire de l'empire autoritaire de Napoléon III. Cette relation ne s'arrête pas là. On sait que Napoléon III s'est voulu le champion du principe des nationalités, qu'il appelait « les nationalités géographiques ». A l'autre aile des Balkans, il apporte un soutien actif au processus d'unification des principautés danubiennes et porte la jeune Roumanie sur les fonts baptismaux. Pour la Serbie, il lui apporte un appui actif lors du Congrès de Paris de 1856 qui la fait bénéficier d'une reconnaissance internationale officielle. Ce soutien se répète lorsqu'il s'agit d'obtenir l'évacuation des garnisons turques stationnées dans la Principauté. Le processus est réalisé en deux temps : 1862 et 1867. Il se termine en 1867 par le départ des Turcs de la citadelle de Belgrade. Autre manifestation forte de ce soutien, on pourrait dire emblématique, le prince Michel confie le ministère de la Guerre à un officier français, le commandant, puis colonel Hippolyte Mondain. Celui-ci réorganise l'armée serbe sur des bases modernes ; introduit le système de la conscription, obtient que des officiers serbes soient formés en France. Or, il va de soi que ce détachement aurait été impossible sans l'intervention personnelle de Napoléon III.

Après le désastre de la guerre perdue de 1870/71, la France connaît une période d'effacement international dont elle ne sort qu'au début des années 90 après la conclusion du traité d'alliance avec la Russie de 1892/93 qui lui permet de retrouver sa liberté d'action et donc son rang. Durant cette période, la Serbie a acquis sa souveraineté au Congrès de Berlin, mais il s'agit dans les faits d'une souveraineté limitée. Le roi Milan Obrenovic l'a placée sous la dépendance de l'Autriche-Hongrie, dépendance accentuée par la convention du 28 janvier 1881 qui pose l'alliance des deux monarchies, mais interdit à la Serbie d'avoir une politique étrangère autonome.

C'est à partir de 1903 que la politique de la France à l'endroit de la Serbie prend un nouvel élan, c'est-à-dire à partir de la révolution qui porte le prince Pierre Karadgeorgevic sur le trône. Cette révolution amorce une réorientation de la politique serbe sous l'impulsion des gouvernements radicaux de Nikola Pasic qui éloignent la Serbie de l'Autriche-Hongrie et la tournent vers la Russie et, par voie de conséquence, vers la France.

Paris avait précédemment vu dans la Serbie un protectorat de l'Autriche-Hongrie alliée du Reich allemand depuis 1879. Raison pour laquelle elle lui avait refusé le placement d'emprunts sur la place de Paris. Pierre Ier est de longue date un ami de la France. Ancien élève de l'école militaire de Saint Cyr (promotion Puebla), breveté de l'école d'état-major de Metz, il a fait la guerre de 1870/71 dans les rangs de la Légion étrangère et l'a terminée avec le grade de lieutenant. L'année suivant son accession au trône, il invite à Belgrade ses anciens camarades de la promotion Puebla. Quarante-huit d'entre eux répondent à son invitation. Au cours de ces journées, il célèbre la « belle France » à laquelle il reste profondément attaché.

Illustration de cette réorientation, la France autorise en 1904, puis en 1911 la Serbie à lever des emprunts à Paris, emprunts qui l'aident à développer son réseau de chemin de fer et à acquérir du matériel militaire au Creusot qui, fait capital, supplante maintenant Krupp. Dans le même temps, la France signe un traité de commerce avec la Serbie qui doit soulager cette dernière dans la guerre douanière que Vienne lui impose entre 1906 et 1911.

Ce rapprochement ne va pas jusqu'à la conclusion d'une alliance militaire. On peut le voir lors de la crise de 1908/09 qui fait suite à l'annexion de la Bosnie-Herzégovine par l'Autriche-Hongrie. Le gouvernement de Georges Clemenceau apporte son appui diplomatique à la Serbie, mais ne va pas au-delà. Les responsables français retiennent la Russie de déclencher un conflit armé, en faisant valoir que les intérêts vitaux de la France n'y seraient pas engagés.

Peu après, Paris considère avec sympathie les gains réalisés par la Serbie durant les guerres balkaniques de 1912 et 1913. Elle pousse même son appui jusqu'à encourager la Roumanie à s'allier avec Belgrade à l'approche de la Seconde guerre balkanique.

Ces années voient aussi s'accentuer le mouvement qui porte des étudiants serbes à poursuivre leurs études dans des universités françaises. Ils sont 59 en 1905, 103 en 1913. Notons encore que 72 thèses sont soutenues par des étudiants serbes dans des universités françaises entre 1884 et 1914. Parallèlement un mouvement d'intérêt et plus encore de sympathie pour la Serbie se développe dans ces années parmi les intellectuels français, un mouvement illustré par plusieurs grandes figures de l'Université française, notamment les historiens Emile Haumant, Ernest Denis, Albert Malet (le Malet du Malet-Isaac), le byzantiniste Charles Diehl, les slavisants Louis Léger et Gustave Gravier, l'helléniste Victor Bérard.

Dès le déclenchement de la guerre, la France se tient aux côtés de la Serbie. Une alliance de fait se noue entre les deux pays. En France, l'opinion s'enthousiasme pour l'héroïque Serbie. Mais, après les victoires remportées en 1914 sur les armées austro-hongroises, vient le temps des malheurs en novembre 1915. Malgré sa vaillance, l'armée serbe ne peut résister à l'assaut lancé par les Austro-Allemands au Nord et les Bulgares au Sud. Pour échapper à la capitulation, ses restes se jettent dans les montagnes d'Albanie pour rejoindre l'Adriatique. Les 150 000 survivants sont recueillis par la flotte française de l'amiral de Geydon avant d'être regroupés à Corfou. Reconstituée avec l'aide de la France, l'armée serbe rejoint ensuite l'Armée d'Orient à Salonique. Elle prend une part majeure à l'offensive lancée, le 15 septembre 1918 sous le commandement du général Franchet d'Esperey. La Bulgarie est rapidement obligée de capituler. Après quoi l'Armée d'Orient libère la Serbie et pousse jusqu'aux frontières de la Hongrie. La France va maintenant parrainer la naissance du royaume des Serbes, des Croates et des Slovènes. De plus, au cours de cette guerre s'est développée entre soldats français et serbes une fraternité d'armes dont témoigne le monument à la France érigé à Belgrade dans les années 20.

La fin de la Première Guerre mondiale : la bataille de Macédoine

par Christian Franchet d'Espèrey

La question que je vais évoquer ici, l'offensive alliée dans les Balkans de septembre 1918, est très peu connue du grand public, mais fort bien connue des intervenants de ce colloque. Je ne vais donc pas me lancer dans un exposé historique, que je n'ai d'ailleurs aucun titre professionnel à effectuer. Ma présence se justifie surtout, on s'en doute, parce que, dès mon enfance, j'ai été bercé des souvenirs du « grand homme » de la famille... et depuis toujours éprouvé une vive amitié pour le peuple serbe : c'est un point auquel Mme Nataša Marić a dû être sensible en me proposant d'intervenir, ce dont je la remercie vivement.

J'ai depuis longtemps été frappé par la méconnaissance générale, même dans les milieux cultivés, de la véritable signification, un peu plus d'un mois avant l'armistice du 11 Novembre, de l'événement qu'a constitué la rupture du front de Macédoine, où deux armées serbes ont joué un rôle tellement décisif. Pourtant, nombre d'historiens admettent que cet événement a été, non la cause, bien sûr, mais un élément déclencheur de l'armistice final.

Si cette opération militaire fut marquée, en particulier, par l'excellence du traitement des problèmes de communications – voies routières et ferroviaires, transmissions radio, lignes téléphoniques... –, on n'en dira pas autant de sa « communication » au sens moderne du terme : étouffée sous la masse des événements qui ont précédé et suivi l'armistice du 11 Novembre, censurée dans la presse par un gouvernement qui ne voulait pas qu'on lui fasse écho, elle n'a ensuite bénéficié d'aucune recherche de haut niveau, d'aucun grand ouvrage historique, d'aucune étude en profondeur de stratégie militaire ou de géopolitique. À deux ou trois exceptions près – concernant généralement le sujet plus large du Front d'Orient de 1915 à 1918 (je pense notamment à l'excellent livre de Max Schiavon, publié chez Tallandier en 2014) –, elle n'a été décrite avec précision que dans des ouvrages de spécialistes destinés aux spécialistes, ou dans des recueils liés à la mémoire des « Poilus d'Orient » et de leurs proches. Le commandant en chef lui-même, responsable de bout en bout de l'opération, n'a pas tenu, contrairement à tant d'autres, à publier de « Mémoires », estimant peut-être, selon un mot consacré, qu'on n'a pas besoin d'en écrire quand on n'a rien à se reprocher…

En tout cas, le fait est là : en dépit de ses conséquences militaires et politiques considérables (attestées par Ludendorff et Hindenburg eux-mêmes) et de ses incalculables suites stratégiques potentielles (la perspective d'une entrée dans Berlin), cet exploit militaire, dû aux mérites conjoints des hommes, des officiers et du commandement, est demeuré largement ignoré. La méconnaissance relative que manifestent les historiens allemands et anglo-saxons s'explique aisément : elle reflète leurs visions nationales respectives de l'Histoire. Certes, ils n'ignorent pas l'événement mais, consciemment ou non, ils en minorent systématiquement la portée effective. Quant aux historiens français, pour des raisons également faciles à comprendre, ils se sont surtout intéressés au front de France, à ses grands événements (la Marne, Verdun, l'armistice…) et à l'impact de la guerre sur la vie politique, économique et sociale du pays. L'événement lointain de Macédoine, sans conséquence visible, n'a retenu que peu leur intérêt. Et sa portée géostratégique potentielle n'est évoquée que furtivement, latéralement, quand elle n'est pas totalement omise.

Aussi voudrais-je profiter de la présence d'historiens et de personnalités qui connaissent parfaitement le sujet pour leur poser une question que, pour ma part, je me pose depuis longtemps : pourquoi cet événement militaire, si bien circonscrit – dans un espace restreint (à vol d'oiseau, un peu plus de cent kilomètres de percée) et un temps bien délimité (15 jours) – et qui, à cette unité de temps et de lieu, ajoute la troisième unité assignée par Boileau à l'art dramatique, l'unité d'action, puisque c'est un plan d'action déterminé qui a été réalisé, avec un objectif final clairement défini : la libération de la capitale de la Macédoine (Skopjé, alors Uskub) – pourquoi cet évènement ne fait-il jamais l'objet d'une désignation claire ? Pourquoi cette action militaire d'une ambition inédite, si précisément définie, si clairement circonscrite dans sa conception, et si aboutie dans sa réalisation concrète, n'a-t-elle pas – comme tant d'autres batailles grandes et petites – reçu un nom officiellement admis ? Quand on l'évoque, on parle de « Front d'Orient », ou de « campagne d'Orient », ou de « Front de Salonique », ou d'« offensive des Balkans »... Ou encore on la qualifie de « bataille du Dobropoljé », du nom du premier sommet conquis, qui n'en fut que la première étape. Usant lui-même d'une métonymie proche, Franchet d'Espèrey la désigna du nom de « bataille de la Mogléna » : une approximation de plus...

C'est manifestement la raison pour laquelle cette bataille, mal située dans le temps et l'espace, est souvent confondue avec la bataille des Dardanelles, conçue et conduite par les Britanniques trois ans plus tôt (en 1915), dans un contexte géopolitique radicalement différent (celui des détroits et de la mer Noire) et surtout avec une issue, on le sait, désastreuse.

En septembre 1918, en Macédoine, les troupes, lancées sur des sentiers de chèvre en zig-zag à flanc de montagne, avec leurs armes et leur barda, hissant les pièces d'artillerie avec matériels et munitions dans une zone culminant à 2000 mètres, ont en deux semaines réalisé une impressionnante prouesse sportive et un exploit militaire exceptionnel. D'une nature bien particulière par sa conception comme par sa mise en œuvre, cette opération est sans équivalent dans toute la Première

Guerre mondiale, peut-être même, je le dis sous le contrôle des historiens de ce colloque, depuis l'épopée napoléonienne.

Alors pourquoi ne reconnaît-on pas à cette action militaire le nom de bataille puisqu'elle en a toutes les caractéristiques ? Quant au lieu où elle s'est située, c'est incontestablement la Macédoine, qui en constitue à la fois le terrain d'action et l'objectif final. Alors pourquoi ne pas reconnaître officiellement à cet événement le nom qui apparaît comme le plus exact, celui de bataille de Macédoine, en lui attachant ces deux dates : 14-29 septembre 1918 ?

S'il est justifié de poser la question ici, c'est que, sur ce champ de bataille, l'amitié franco-serbe a reçu le baptême du sang. Depuis le sauvetage par la Marine nationale des rescapés du « Golgotha albanais », en janvier 1916, c'est là, en Macédoine, que fut consacré le principe même du monument « À la France » de Kalemegdan. Un mois plus tard, Belgrade était libérée. Les relations franco-serbes allaient désormais suivre un nouveau cours.

Je conclurai sur deux anecdotes, hautes en couleur, et surtout significatives de ce qui s'est joué, en septembre 1918, en Macédoine. La première, c'est le soir du 14 septembre, veille de l'offensive, à l'issue d'une journée de préparation d'artillerie, fracassante, sur l'ensemble du front (350 km). Au Grand Quartier général des Armées alliées d'Orient, à Salonique, c'est la fièvre des veillées d'armes. Soudain, le chef du service des transmissions apporte au commandant en chef un télégramme personnel de Clemenceau. Un message d'encouragement, pense le général. Et voilà ce qu'il lit : « Il est bien entendu que l'action qui doit se déclencher demain 15 septembre sera engagée sous votre seule responsabilité. » Stupéfaction… Alors, prenant une bougie, il brûle entièrement le télégramme, puis a ces seuls mots : « Rien de changé à mes ordres. »

Changement de décor : au début de 1945, sur le front russe, Henry Fournier-Foch, petit-fils du maréchal Foch, évadé d'un oflag, recueilli et recruté par l'Armée rouge, rencontre le maréchal Joukov, commandant en chef. Celui-ci lui demande (en français, qu'il parlait parfaitement) : « Pourquoi ton grand-père n'est-il pas allé jusqu'à Berlin ? » Un silence, puis Joukov ajoute : « Il n'y est pas allé..., mais, moi, j'irai ! » Ce mot, qui résume trente ans d'histoire, souligne quelle grande occasion manquée restera la bataille de Macédoine. Mais au moins, ce qu'elle n'aura pas manqué, c'est de donner aux relations franco-serbes le caractère durable d'une affaire de cœur.

La France et la Yougoslavie : mythes et réalités d'une alliance 1919-1941

par le Professeur Frédéric Lemoal

Les fondements de l'alliance entre la France et le nouvel État des Serbes, Croates et Slovènes, surgi des bouleversements de la Grande Guerre, ont en réalité été posés bien avant le 1er décembre 1918. Depuis 1903, la politique française vise à intégrer la Serbie dans son dispositif de sécurité anti-allemand et à en faire une sorte d'épine dans le flanc du bloc continental des deux empires centraux. D'où le soutien au projet de Grande-Serbie, le ralliement à l'idée yougoslave du moment où elle est dominée par les Serbes et l'appui à un tracé des frontières les plus larges possibles afin d'assurer la viabilité du nouvel État et son extension au plus près du monde germanique mais aussi italien. Mais cet appui, notons-le bien, n'est jamais exempt de réserves, de limites et de critiques de la part des responsables français qui étudient les complexités des dossiers balkaniques toujours à travers le prisme des intérêts de la France.

La nécessaire alliance

L'État des Slaves du Sud constitue donc une pièce maîtresse de la fameuse « Barrière de l'Est » qui, dans l'espace balkanique, doit contenir les Allemands, les empêcher d'accéder à la Méditerranée, leur barrer la route de la vallée du Vardar et de Salonique. Toutefois, il est capital de bien comprendre le sens que Paris donne aux alliances nouées avec les États d'Europe centrale et orientale. Comme l'a écrit Isabelle Davion, « il faudrait parler d'une dynamique d'alliances plutôt que d'un réseau d'alliances » puisque jamais la France ne leur donne un caractère automatique et contraignant afin d'éviter le piège jugé à cette époque fatal de l'alliance franco-russe. Autre élément crucial : la définition de l'ennemi qui diverge que l'on soit sur les bords de la Seine ou du Danube. Pour les Yougoslaves, la puissance la plus inquiétante reste l'Italie, surtout avec l'arrivée au pouvoir de Mussolini en 1922, alors que les Français la considèrent comme une alliée indispensable pour leur stratégie anti-allemande. Depuis 1915, Paris refuse de choisir entre les Italiens et les Yougoslaves et poursuit le rêve – la chimère diraient certains comme Jacques Bainville – de les associer dans son système de sécurité. Le facteur italien, comme nous allons le voir, demeure l'élément fondamental de toute cette histoire. Pas plus dans les années 1920-1930 que lors de la conférence de la paix, la France n'entend sacrifier totalement ses liens avec Rome.

Autre pièce à verser au dossier, la géopolitique. L'obsession allemande des Français les conduit à privilégier l'alliance avec la Pologne et avec la Tchécoslovaquie pour en faire les pièces maîtresses de cette nouvelle alliance de revers. La Yougoslavie demeure plus éloignée, en périphérie du dispositif militaire, avec comme mission principale en cas de guerre de s'en prendre à la Hongrie avant de pénétrer éventuellement en territoire allemand en coordination avec l'armée tchécoslovaque. Mais en même temps, ce vaste État dont on étire les frontières depuis la Slovénie jusqu'à la Macédoine, doit couvrir l'axe du Vardar, ce fleuve qui, depuis le port de Salonique, remonte jusqu'au Danube. La campagne de 1918 en a montré avec clarté l'intérêt géostratégique et militaire. Il garde, dans l'Europe de l'après-guerre, toute sa valeur aux yeux des Français, surtout s'ils veulent ravitailler leurs alliés d'Europe centrale, en évitant l'Adriatique et la mer Noire.

Or, cette vision souffre de profondes contradictions qui en hypothèquent la réalisation. Le réseau ferroviaire serbe est de faible rendement et mal relié à celui des voisins. Salonique, point central de tout débarquement allié dans les Balkans, est entre les mains des Grecs qui s'inquiètent des visées yougoslaves sur leur territoire. Et surtout, l'entrée des Croates dans l'État sud-slave en 1918 pèse sur la diplomatie de Belgrade car – et c'est un point fondamental pour comprendre l'échec de la diplomatie française dans cette zone – ils empêchent le rapprochement italo-yougoslave dont Paris a absolument besoin pour consolider sa barrière balkanico-méditerranéenne. Entre Rome et Belgrade, il faudrait choisir et les Français ne le veulent pas. Ils en restent à leur rêve de la Grande Guerre : avoir les Serbes et les Italiens dans une même structure d'alliances.

Enfin, on n'oubliera pas que la mémoire des évènements de la Première Guerre mondiale qui ont uni Français et Serbes n'a pas connu la même intensité dans chacun des pays. Certes, les nombreux témoignages, recueils de souvenirs, et autres récits publiés dans l'immédiat après-guerre constituent un mémorial de cette fraternité d'armes. En Serbie tout particulièrement, le souvenir du sauvetage de 1915, de la reconstitution de l'armée à Corfou et de l'accueil des réfugiés sur le sol français est entretenu avec une intensité qui n'a pas son équivalent en France. La commémoration chaque année du 11 Novembre devient une occasion de rappeler l'épopée commune et héroïque. En 1930, l'inauguration du monument dédié à la France, en plein centre de Belgrade, offre une autre occasion de rappeler la place particulière que ce pays occupe désormais dans l'histoire et dans la mémoire serbes. Or, si du côté français, les arrière-pensées sont les mêmes – marquer la prédominance de l'influence française sur la Yougoslavie – l'intérêt du grand public et le travail mémoriel se concentrent davantage sur Verdun que sur Salonique.

Retenons l'essentiel : la France mène une politique de puissance qui profite du vide géopolitique laissé en Europe centrale par l'écroulement des grands empires. Ni l'Allemagne vaincue, ni la Russie en plein chaos bolchévique, n'étaient en mesure de lui disputer une prééminence régionale dont elle entend profiter pour jouer un rôle d'arbitre, aussi flatteur qu'inconfortable. Pour reprendre une expression bainvillienne, « la France s'est mise en Europe à la tête de la résistance », c'est-à-dire de la préservation des traités de paix et de leurs nouvelles frontières. Cela étant, il lui faut constamment prendre en compte le facteur italien sans lequel rien ne peut aboutir du côté de Belgrade, avant que la résurgence d'une Allemagne redevenue agressive ne bouleverse les conditions du jeu européen et balkanique.

Le temps de l'amitié et de l'alliance

La volonté des Franco-Yougoslaves de consolider leur alliance s'est exprimé dans plusieurs domaines. Nous en retiendrons deux, parmi les plus importants : militaire et culturel. Ce qui nous permettra de voir les limites permanentes de l'investissement français.

Le volet militaire de l'alliance est en réalité assez faible dans le sens où le traité de 1927, signé bien tardivement si on le compare avec celui avec la Pologne (1921) et avec la Tchécoslovaquie (1924), ne comporte aucun aspect militaire. Ce qui ne revient pas à dire qu'il n'existe pas une coopération militaire. Celle-ci repose bien évidemment sur les souvenirs de la fraternité d'armes sur le front de Salonique, de la valeur du soldat-paysan serbe qui marqua si fortement les esprits français ainsi que de la commune et victorieuse offensive de septembre 1918. Dans les années 1920, la France peut se targuer d'une influence unique sur l'armée yougoslave, et surtout sur l'armée de terre serbe – la marine, dominée par les Croates toujours suspects de germanisme souffre d'une image plus négative. Or, force est de constater les prudences, pour ne pas dire la pusillanimité, des responsables français. Les projets d'achats de matériels militaires (mortiers, canons, chars) se heurtent souvent à des refus de crédits bancaires nécessaires ou à la frilosité des industriels français. Leurs concurrents allemands ou tchécoslovaques sauront en profiter. Pareille inertie dans le domaine aéronautique ou automobile où les Allemands se taillent la part du lion sur le marché yougoslave tout au long des années 1930. Cette situation n'arrange pas l'organisation et l'efficacité de l'armée yougoslave qui offre aux attachés militaires français le spectacle de ses insuffisances et de ses fragilités dans tous les domaines. Ces manquements lèvent le voile sur le manque général d'investissement économique dans le royaume yougoslave.

Particulièrement intense s'avère l'investissement culturel de la part de la France, politique aujourd'hui bien connue grâce aux travaux de Stanislav Sretenović. Elle prend le relais des efforts fournis pendant la Grande Guerre pour scolariser et éduquer les enfants serbes réfugiés en France. Dès la fin des hostilités, la France soutient les efforts visant à reconstruire l'appareil culturel serbe comme par exemple la reconstitution de bibliothèques. Mais il faut que tout cela profite à l'influence française au détriment de la mainmise germanique que l'on pense forte dans les régions nouvellement yougoslaves (Croatie, Slovénie entre autres). Ainsi veille-t-on à garder des liens avec les anciens exilés, surtout les plus jeunes, pour entretenir dans cette future élite les sentiments francophiles ; mais aussi à promouvoir l'enseignement de la langue de Molière dans l'enseignement serbe par des cours dispensés par des maîtres français, tout autant qu'une collaboration universitaire la plus fructueuse possible. Pourtant, ces semailles dans un champ que l'on croit fertile ne donnent pas les fruits escomptés. La politique française, souffrant d'un manque d'argent qui l'oblige à limiter son action dans l'espace et dans le temps, se heurte à la réalité implacable de la fracture yougoslave entre Serbes et Croates, les premiers cherchant à monopoliser les échanges avec la France. Ce qui génère des tensions internes et externes. Comme l'a écrit

Stanislav Sretenović, « la principale difficulté était de passer de “l'amitié franco-serbe” à “l'amitié franco-yougoslave” ».

Quels étaient les problèmes structurants ?

En fin de compte, on a bel et bien affaire ici à une alliance en construction qui, dans les années 1920 et jusqu'en 1933-1934, ne donne pas toute sa mesure. Bien des pesanteurs empêchent une progression continue et efficace, capable de donner le seul fruit valable : celui d'une alliance politique et militaire en bonne et due forme, sur laquelle les deux pays auraient pu compter pour assurer leur sécurité. Encore faut-il avoir le même ennemi. Et c'est là que le bât blesse. Jacques Bainville, dans son magistral et pénétrant ouvrage *Les conséquences politiques de la paix*, rappelle que « on trouve surtout des alliances contre quelqu'un ou contre quelque chose ». En l'occurrence, la France pense à l'Allemagne, la Yougoslavie à l'Italie.

La question italienne joue en effet un rôle majeur. Pour Paris, la solution de cette contradiction se trouve dans un double schéma qui, sur le papier, avait le mérite de la clarté et de la facilité : d'une part, maintenir l'équilibre entre Rome et Belgrade mais en rappelant que l'Italie l'emporte toujours en terme d'importance géopolitique et géostratégique ; et d'autre part parvenir à une entente italo-yougoslave qui permettrait de former un bloc entre le continent et la Méditerranée. Mais ces objectifs restent difficiles à atteindre. Avec l'arrivée de Mussolini au pouvoir, le danger change de nature. Dans un premier temps, le nouvel homme fort italien reste prudent, et ce jusqu'en 1926. La nécessité de la consolidation de son pouvoir, de la stabilisation intérieure, de la reconnaissance de l'Europe joue en faveur d'une approche raisonnée du problème yougoslave. Le sort de Fiume, qui compta fortement dans l'émergence du fascisme, ne peut être délaissé par un Mussolini à la recherche de succès diplomatiques capables d'être exploités en politique intérieure. Il s'agit de réussir là où d'Annunzio a échoué. Ainsi engage-t-il des négociations avec Belgrade afin d'obtenir la ville de toutes les passions nationales italiennes en échange de nouveaux territoires. Pasić, qui dirige le gouvernement, refuse de céder. Mais le soutien de la France fait maintenant défaut. En butte à l'hostilité britannique après son occupation de la Ruhr, elle compte sur l'appui de l'Italie, et considère donc qu'il faut régler cette pomme de discorde adriatique une bonne fois pour toute. Cette position rejoint l'absence de soutien français lors du tracé définitif des frontières de l'Albanie. En effet, en 1921, Paris a défendu l'indépendance de ce pays et son admission à la SDN ruinant ainsi les rêves d'annexions que nourrissent encore les Serbes dans ses régions septentrionales.

Le 27 janvier 1924, Italiens et Yougoslaves se retrouvent à Rome pour signer un nouveau traité. Celui-ci reconnaît la souveraineté de l'Italie sur la ville de Fiume et celle de la Yougoslavie sur l'arrière-pays. Il établit entre les deux pays les bases d'une entente autour des traités de paix et d'une promesse de neutralité en cas de conflit d'un des signataires avec une tierce puissance. Le 22 février 1924, Fiume devient officiellement italienne. En juillet 1925, les accords de Nettuno parachèvent le rapprochement en réglant la situation juridique des sujets yougoslaves à Fiume et des sujets italiens en Dalmatie. On peut penser à cette date que le contentieux adriatique qui, depuis 1915, empoisonne les relations entre la France, l'Italie et les Slaves du Sud est réglé. Toutefois, les germes de divisions restent très nombreux.

Belgrade s'inquiète tout d'abord du processus d'italianisation forcée que le pouvoir fasciste met en place dans les régions peuplées de Slovènes. Fermeture d'écoles, interdictions des journaux, dissolution d'associations se multiplient. Elles alimentent des flux migratoires en direction de l'État SHS qui « replacent » ces immigrés dans les régions où leur présence est susceptible de renforcer le pouvoir yougoslave, au Kosovo ou en Macédoine. Ensuite, le pouvoir yougoslave assiste à la radicalisation de la diplomatie fasciste qui, après la période de modération, opte pour un tournant révisionniste d'envergure, et prend un caractère slavophobe extrêmement fort, Mussolini se persuadant que seul l'affaiblissement, voire l'éclatement de l'État SHS permettra à l'Italie d'établir son hégémonie sur l'Adriatique et dans les Balkans. En le remplaçant par plusieurs États indépendants, dont la Croatie, l'Italie s'assurerait une clientèle de vassaux, au détriment de la France serbophile et de l'Allemagne encore hors-jeu dans cette région. Notons d'ailleurs que cette politique n'est pas à proprement parler fasciste, dans le sens où l'idée d'une Croatie indépendante et point d'appui italien dans la zone alimentait déjà les réflexions des cercles diplomatiques italiens avant la Première Guerre mondiale.

Depuis Belgrade, on voit avec appréhension les tenailles fascistes se refermer sur l'État SHS. En effet, l'Italie utilise tous les moyens à sa disposition afin d'opérer un encerclement. Le 27 novembre 1926, le président de la République d'Albanie, Ahmed Zogu, signe avec Rome le traité de Tirana qui garantit les frontières albanaises mais donne également aux Italiens le droit d'intervenir militairement en Albanie sur la demande de son gouvernement. Les Yougoslaves ne peuvent que condamner l'orientation albanaise. D'abord parce qu'ils savent que ce pays constitue la porte d'entrée de l'Italie dans les Balkans, l'une des portes du canal d'Otrante qui, une fois fermées par les Italiens, les confinerait dans la mer Adriatique ; ensuite parce que l'installation des troupes italiennes en Albanie les exposerait à une double invasion, depuis le nord et le sud ; enfin parce qu'eux-mêmes aspirent à vassaliser l'Albanie, voire à la dépecer.

L'État SHS entre de fait dans une période de fortes turbulences avec l'Italie. La démission de Momčilo Ninčić, ministre des Affaires étrangères et architecte du rapprochement italo-slave, est symptomatique de cette rupture. Belgrade dénonce le traité de Rome de 1924 avant sa date d'expiration de 1929 et se tourne vers la France. Cette fois-ci, Paris accueille les propositions yougoslaves avec une faveur réelle qui ne doit toutefois pas masquer la permanence de la politique française dans les Balkans. Certes, en novembre 1927, un traité d'alliance est enfin signé entre la France et l'État SHS, mais dans l'esprit de Briand, il ne doit pas s'inscrire dans une logique anti-italienne. Paris ne renonce pas en fait à associer les deux États rivaux. Pour le moment, toutefois, le Duce ne veut voir dans ce traité qu'un acte hostile à sa politique. Il renforce donc la vassalisation de l'Albanie par le second traité de Tirana, du 22 novembre 1927. Si l'on rajoute le traité d'alliance passé avec la Hongrie, le 5 avril 1927, et celui avec la Bulgarie en 1934, il devient évident que l'État SHS est en train d'être encerclé par des puissances révisionnistes.

À partir de 1929, le roi Alexandre concentre le pouvoir de décision entre ses mains avec l'accord de la France. Il cherche à affaiblir l'hostilité italienne en tentant un rapprochement qu'il croit possible depuis l'installation à la tête de la diplomatie fasciste de Dino Grandi en 1929. En l'occurrence, ce dernier se déclare favorable à un apaisement. Mais Mussolini reste tiraillé entre plusieurs options. D'un côté, il établit un contact secret avec le roi Alexandre, lequel se déclare prêt en février 1932 à une alliance avec l'Italie au détriment de celle avec la France. De l'autre, le Duce ne saisit pas la proposition et renforce le caractère antiyougoslave de sa politique, une fois Grandi écarté du pouvoir en 1932. Il lance une brutale campagne de presse, apporte un soutien financier et logistique à l'ORIM qui bénéficie de camps d'entraînement en Italie du Sud ainsi qu'au mouvement oustachi d'Ante Pavelić.

De plus, la Yougoslavie échappe difficilement à l'attraction de la nouvelle Allemagne. Même si Hitler concentre davantage son attention sur l'Europe centrale, il garde un œil sur la Yougoslavie, riche en lignite, en fer, cuivre, en plomb, zinc, asphalte et bauxite. Le commerce italo-yougoslave chute au profit de celui avec les Allemands avec lesquels le pays fait, à la veille de la Seconde Guerre mondiale, la moitié de son commerce extérieur. En mai 1934, le maréchal Goering arrive à Belgrade et en repart avec des accords commerciaux fructueux qui assurent à l'Allemagne un approvisionnement en cuivre, en plomb et en bauxite en échange de produits industriels. Et surtout, à la différence de l'Italie, l'Allemagne ne vise aucunement au démantèlement du royaume des Slaves du Sud. La pénétration économique allemande, commencée sous Weimar, avec l'accord tacite des Britanniques heureux de voir l'influence française reculer, s'amplifie. Et elle constitue une sécurité supplémentaire contre une agression italienne.

Or, le retour du danger allemand pousse la France à renouer avec sa volonté d'entente italo-yougoslave, préalable indispensable à l'établissement d'un nouveau système de sécurité tel que le pensait le ministre Louis Barthou. D'intenses négociations sont alors lancées afin d'aboutir à un pacte méditerranéen capable de garantir l'indépendance de l'Autriche mais dont la conclusion se heurtait au contentieux italo-yougoslave. Or, si du côté italien, les discussions avancent, il reste à persuader le roi Alexandre d'y adhérer. C'est là tout l'enjeu du voyage en France d'octobre 1934 qui s'achève dans le drame de Marseille, l'assassinat du souverain Karadjordjević et la mort de Barthou le 9 octobre 1934. Les contemporains, et à leur suite les historiens, ont senti combien cette date marquait un tournant fondamental dans l'histoire des relations franco-yougoslave, avec la disparition des deux grands architectes de cet édifice diplomatique. L'année 1935 est un tournant. La signature de l'accord de Rome entre Mussolini et Laval, point d'orgue du rapprochement entre les deux sœurs latines, ont des conséquences négatives sur les relations avec Belgrade. Un réel mécontentement s'exprime dans l'opinion publique, les responsables politiques et les chefs militaires serbes. L'arrivée au pouvoir de Milan Stojadinović constitue une autre étape vers l'affaiblissement des liens franco-serbes, au moment même où l'échiquier européen connaît un profond bouleversement.

Deux éléments doivent être pris en compte. Tout d'abord, l'Italie voit avec satisfaction s'effacer l'ombre de la France sur les Balkans. Mais elle doit désormais compter avec celle de l'Allemagne et avec son opposition à tout démembrement yougoslave. Ce qui ne sous-entend pas que Rome renonce à ses desseins sécessionnistes. Mussolini doit simplement réfléchir à suivre d'autres voies. Cette permanence du danger italien est ressentie à Belgrade où le régent Paul inscrit ses pas dans ceux du roi Alexandre. Comme lui, il sent que la sécurité intérieure de la Yougoslavie et son unité dépendent en grande partie de la stabilité de l'environnement international dans lequel elle évolue. La paix extérieure pour bénéficier de la paix intérieure. Une guerre en Europe, dans laquelle serait entraîné le royaume, mobiliserait toutes les forces centrifuges et en sonnerait le glas.

Certes, en septembre 1935, Stojadinović choisit la France pour sa première visite officielle. Son objectif est de resserrer les liens avec Paris et d'obtenir des Français la signature d'un traité d'assistance mutuelle que Laval conditionne à un rapprochement avec Rome. Ce dernier est d'autant plus indispensable pour les Français que Mussolini s'est opposé à toute démarche en direction de Belgrade préalable au voyage de Laval à Rome en janvier 1935. Point sur lequel Laval a dû céder devant l'opposition exprimée à l'époque par Jevtić, alors président du Conseil. Et si à partir de 1936, la Yougoslavie et l'Italie opèrent le rapprochement auquel la France de Barthou et de Laval aspirait, il est réalisé dans un cadre complètement différent. L'Allemagne, en effet, y joue un rôle moteur. Hitler a réussi, en grande partie grâce à la guerre d'Ethiopie, à attirer Mussolini vers lui, retournement accentué pendant la guerre d'Espagne. La nouvelle politique fasciste conduit à la constitution de l'Axe Rome-Berlin en 1936. Berlin a donc tout intérêt à voir les deux États de l'Europe du Sud, avec lesquels les rapports ont été normalisés, s'entendre, dans un but précis : le démantèlement du système de sécurité français en Europe orientale. Il en va de l'intérêt de la Yougoslavie qui verrait ainsi disparaître l'hostilité italienne à son existence et le soutien aux mouvements sécessionnistes en Croatie et au

Kosovo, tandis que les Allemands se chargeraient de détourner les appétits hongrois vers la Slovaquie.

Le 25 mars 1937, les accords Ciano-Stojadinović sont signés à Belgrade. Le traité d'amitié est accompagné d'un accord économique et de lettres secrètes. L'ensemble prévoit un engagement de non-agression et de consultation en cas de crise internationale. L'Italie s'engage à respecter l'intégrité territoriale de la Yougoslavie, à respecter les minorités slovènes et à liquider les activités des Oustachis sur son sol (Pavelić et Kvaternik sont arrêtés et internés dans les îles Lipari). Belgrade, de son côté, reconnaît la position italienne en Albanie. Ce dernier point mis de côté, l'accord de 1937 conforte la position de la Yougoslavie qui en tire le maximum de profits. Elle conserve toutes ses marges de manœuvres en ayant refusé l'engagement de ne pas souscrire d'alliances contraires aux signataires et en ayant conservé les références à la SDN, fort pratiques en cas de rupture du pacte par Rome.

Notons aussi que le pacte de 1937 remet en cause le rôle de la Yougoslavie au sein de la Petite Entente. Stojadinović se rend, il est vrai, à Paris en octobre 1937 afin de renouveler l'alliance pour cinq ans et d'y signer un traité de commerce. Pour autant, deux mois plus tard, en décembre, il confie à Ciano son refus d'entrer dans des combinaisons politiques avec la France et la Petite Entente. L'orientation est bel et bien favorable à l'Axe. Pourtant, en février 1937, Stojadinović proclame devant les députés yougoslaves que « la politique yougoslave n'est ni francophile, ni anglophile, ni germanophile. Elle est yougoslave ». Veillant à ne pas se lier les mains, il maintient son pays dans une situation d'équilibre, à cheval sur le camp des dictatures et sur celui des démocraties. Cette position reflète parfaitement bien la position de la Yougoslavie, État fragile et ballotté entre plusieurs grandes puissances. Mais face à la fracture de plus en plus forte qui parcourt l'Europe, comment résister à l'attraction d'un pôle, surtout quand celui-ci est constitué de ses ennemis et que l'autre apparaît bien faible ? C'est là une réalité politique incontournable qui pèse sur les dirigeants yougoslaves jusqu'à l'invasion de 1941.

La politique de la France souffre en fin de compte de handicaps profonds aussi bien au niveau national que local. Son affaiblissement général, sa fragilité institutionnelle sans cesse plus évidente, son absence de réactivité face aux coups que Hitler porte au système de Versailles et l'adoption claire d'une stratégie défensive ruinent son crédit en Europe orientale et alimentent les doutes sur ses capacités à intervenir pour défendre ses petits alliés soudain confrontés à une puissance allemande restaurée. Certes, l'opinion serbe demeure nettement francophile mais la réalité géopolitique impose des choix à Belgrade. A la décharge de la France, il faut rappeler qu'elle ne dispose plus des moyens financiers et matériels, pour ne pas dire moraux, au service d'une grande politique orientale. Il n'empêche. Bien des Serbes se sentent abandonnés par la France et abandonnés face à leurs ennemis allemand et italien. De leurs côtés, les différents chefs de légation en poste à Belgrade n'échappent pas au poids des préjugés encore vifs à cette époque sur l'orientalisme des Slaves du Sud, avec ce que cela comporte d'aspects négatifs (brutalité, indolence, désordre, haines ethniques) et, en sens inverse, ont souvent tendance à analyser les vicissitudes politiques du royaume à travers le prisme de la centralisation jacobine – d'où l'appui au coup d'État royal de 1929 .

L'histoire ne se répétera pas à Salonique

Avec la Seconde Guerre mondiale, la Yougoslavie retrouve toute son importance. On comprend dès lors les efforts de Paris pour consolider cet édifice somme toute fragile. Ainsi le ministre plénipotentiaire français Raymond Brugère s'investit-il dans la résolution du conflit serbo-croate. A la recherche d'une solution médiane entre le séparatisme croate et le centralisme serbe, il multiplie les contacts et les rencontres avec le soutien du Quai d'Orsay, allant jusqu'à œuvrer au départ de Stojadinović dont la politique pro-germanique pose problème à la France. D'un point de vue militaire, les souvenirs de la Grande Guerre sont si prégnants que l'on voit ressurgir l'idée d'un débarquement à Salonique d'où était partie la première offensive victorieuse de 1918. Ce projet suscite l'enthousiasme immédiat des autorités yougoslaves et aurait pu devenir un terrain de rapprochement entre Paris et Belgrade. Mais c'est sans compter avec l'opposition des Britanniques et, une nouvelle fois, le facteur italien. Car l'accord de Rome constitue le préalable indispensable à l'exécution de ce plan d'opération afin de ne pas donner à Mussolini le prétexte pour rompre son ambiguë non-belligérance. Les pressions du régent Paul n'y changent rien. Londres reste inflexible. Cette politique de ménagement de l'Italie fasciste ne pousse évidemment pas les Yougoslaves à sortir de leur neutralité pour combattre, comme vingt ans auparavant, aux côtés d'une France qui n'a pas bougé face à l'écrasement de la Pologne.

L'évolution de Mussolini vers la guerre aux côtés de l'Allemagne au printemps 1940 complique encore un peu plus la situation plus qu'elle ne la simplifie. Certes, l'éventuelle agression de l'Italie contre les Yougoslaves pousse Paris à approfondir la concertation avec la Yougoslavie et la Turquie, deux pays conjointement, quoique de manière différente, menacés par les Italiens. Le projet de Salonique reprend une vigueur nouvelle. Mais, outre le fait que les Français s'intéressent désormais en priorité à une opération sur le Caucase, Gamelin prévient qu'une aide française à la Yougoslavie, d'ailleurs fort limitée et nécessitant de passer par Salonique, entraînerait l'invasion germano-italienne des provinces septentrionales.

Bref, l'histoire ne se répètera pas. Pire, l'écroulement brutal des armées françaises en mai-juin 1940 provoque à Belgrade comme partout dans le monde une stupeur paralysante aux conséquences incalculables. La France semble sortie de l'Histoire, en tout cas ne compte plus comme grande puissance. L'attraction de Berlin n'en devient que plus forte sur la fragile Yougoslavie soudain privée d'un protecteur certes affaibli, voire ambigu, mais qui avait le mérite d'exister. Cela n'enlève rien au fait que la politique française ne s'est jamais départie pendant l'entre-deux-guerres d'une prudence indéniable, d'un investissement en demi-teinte, parce que toujours contrainte par un contexte international et géographique dont il était, avouons-le, difficile de s'extraire.

1940-2000 : entre tensions et détente

par Jean-Christophe Buisson

Les relations entre la France et la Yougoslavie durant la Seconde Guerre mondiale sont rares pour une raison simple : les deux pays ont perdu leur souveraineté, sont amputés d'une partie de leur territoire et subissent une occupation étrangère. Il n'y a pas de relation officielle entre leurs gouvernements respectifs après la défaite de la France en juin 1940. Mais il perdure quelques petits gestes qui rappellent la force du lien moral et historique franco-serbe. Lorsque le régent Paul décide d'adhérer au pacte tripartite (Allemagne-Italie-Japon) en mars 1941, le coup d'État qui éclate à Belgrade, pour mettre (provisoirement) sur le trône le prince Pierre II, hostile à l'Allemagne nazie, se fait en chantant *La Marseillaise*, au nom des valeurs de liberté qu'incarne éternellement la France aux yeux des Serbes. Sensibles au geste, les dirigeants de la Résistance française saluent avec chaleur ce geste héroïque qui leur paraît bien digne de l'histoire glorieuse de la petite Serbie de jadis : par exemple à Marseille, là où a été assassiné en octobre 1934 le roi Alexandre de Yougoslavie, le monument édifié en sa mémoire est fleuri nuitamment au nez et à la barbe des autorités de Vichy en signe de soutien au coup d'État à Belgrade. De même, des tracts saluant l'événement sont distribués dans plusieurs villes françaises par les résistants gaullistes (les communistes français ne sont pas encore entrés dans la Résistance en raison du pacte de non-agression germano-soviétique encore en vigueur à cette date).

Après l'écrasement de la Yougoslavie par les puissances fascistes au printemps 1941, les deux pays partagent une situation commune : en dehors de leurs territoires sous stricte occupation étrangère, sont institués deux régimes dirigés par deux vieux soldats germanophobes de 14-18 (Pétain et Nedić), qui collaborent officiellement avec l'autorité allemande tout en laissant discrètement se développer des forces de résistance au sein même de leurs structures étatiques. Parallèlement, dans les deux pays, se battent des mouvements de résistance rivaux : les uns favorables aux Alliés, les autres proches de Moscou. Mais alors que gaullistes et communistes collaborent contre l'ennemi commun en France, royalistes obéissant au général Draža Mihailović et communistes dirigés par Tito luttent, eux, chacun de leurs côtés contre l'occupant. Ils se combattent même fréquemment.

Existe-t-il des liens entre les résistances française et serbe pro-Alliés ? Indirectement, oui. Dès que le général De Gaulle entend parler de Mihailović, dont la démarche est comparable à la sienne (refuser la capitulation et poursuivre le combat en attendant l'aide anglo-américaine), il le salue, encourage son action, le donne en exemple, le décore de la Croix de guerre française (en 1943) et le défend sans cesse devant les Anglais. Et lorsque les Américains et Churchill décideront, sous la pression de Staline et intoxiqués par leurs services de renseignement infestés d'espions communistes, d'abandonner Mihailović, De Gaulle se tiendra en retrait. Il n'a alors pas les moyens de s'opposer à la décision de ses alliés et de sauver Mihailović, sacrifié sur l'autel du futur partage de Yalta, mais il se promet de rester fidèle à sa mémoire – ainsi en refusant, après-guerre, de croiser le chemin de Tito.

Après la défaite nazie, en 1945, les deux pays sont pareillement décidés à se débarrasser des régimes politiques les ayant précipités dans le chaos de la guerre. La France de 1945 ne veut plus entendre parler de cette République ultra-parlementaire qui l'a conduite, par l'impéritie de ses élites politiques et militaires, à l'« étrange défaite » (Marc Bloch). Quant aux communistes victorieux en Yougoslavie avec l'aide de l'Armée rouge soviétique, ils s'empressent, après leur victoire, de faire abolir la monarchie et d'instaurer un régime fédéral socialiste. Sa mise en place provoque un changement dans les relations entre la France, attachée au retour d'un régime de libertés, et cette Yougoslavie nouvelle dont Tito a d'ailleurs proclamé lui-même qu'elle serait à l'opposé de la Yougoslavie royale, notamment parce que celle-ci était une « création du traité de Versailles » (donc une création française) et qu'elle favorisait trop la Serbie par sa structure centralisée (là aussi sur le modèle français). Pour le croato-slovène Tito, la Serbie est en outre la région qui a fourni le plus de troupes au mouvement de résistance non communiste durant la guerre, il est donc nécessaire de l'affaiblir pour extirper son caractère supposée « contre-révolutionnaire ».

Administrativement, le système communiste sera donc fédéral, « à l'allemande » (après 1945), ou plutôt « à la Habsbourg », à l'image de celui établi avant 1914 par la monarchie austro-hongroise dans laquelle avait grandi, sans déplaisir, Josip Broz – on dira d'ailleurs de lui qu'il fut, au fond, « le dernier des Habsbourg », par sa manière de vouloir fédérer sous la même bannière des régions et des populations très différentes les unes des autre. L'objectif de la Yougoslavie de 1945 est « de mettre fin à l'hégémonie de la bourgeoisie grand-serbe ». Raison pour laquelle ce sera plutôt la Croatie qui sera favorisée dans cette Yougoslavie communiste. La Serbie elle-même est démembrée et humiliée. On déplace les Serbes qui vivaient au Kosovo (avec des conséquences démographies qui se paieront cher dans les décennies suivantes) ; on force ceux de Macédoine à renoncer à leur identité (dans la tenue vestimentaire, la langue, etc.) ; on invente une république de Bosnie pour réduire le territoire de la république de Serbie et bientôt, on inventera une nationalité musulmane de Bosnie ; on créera aussi plus tard, au sein même de la république de

Serbie, deux régions autonomes, la Voïvodine et le Kosovo. On voit donc bien dans cette nouvelle Yougoslavie la forte envie des autorités communistes de réduire au maximum la Serbie : sa taille, son influence, son identité, son hégémonie qui était réelle dans les années 30 sous la monarchie.

Si se maintiennent, via le cinéma, la littérature et le cinéma notamment, les relations culturelles entre la France et la Serbie déjà fortes avant-guerre (songeons à l'élève de Rodin Ivan Meštrović, à qui l'on doit par exemple le monumen*t A la Fran*ce dans le parc du Kalemegdan à Belgrade, au collectionneur héritier d'Ambroise Vollard Erich Chlomovitch, au peintre ami de Modigliani Sava Šumanović ou aux surréalistes Ristić, Matić ou Vučo, très liés à leurs homologues français), de fortes tensions naissent entre les deux pays sur le plan politique. En effet, justement en raison des liens franco-serbes d'avant-guerre, c'est à Paris que viennent se réfugier ceux qui fuient le régime communiste yougoslave, qu'il s'agisse de démocrates, de libéraux ou bien sûr de royalistes. Au nombre de 15 000, à 90 % serbes, ils sont considérés comme des ennemis de la Yougoslavie socialiste. Et pourtant. Dans leur immense majorité, ils n'ont qu'une obsession : s'assimiler le plus vite possible, se fondre dans l'anonymat de la France parce que leurs familles, elles, sont souvent restées sur place et ils craignent des représailles contre elles s'ils s'agitent. Ils vont donc tout à fait s'intégrer à la France, profitant notamment du fait qu'ils sont homogènes ethniquement.

La principale relation entre la France et la Yougoslavie à partir des années 50-60 sera plutôt une relation économique. Si au sein d'un régime socialiste, chacun est supposé avoir du travail, la vérité est qu'il existe un chômage latent dans la Yougoslavie de ces années-là, victime de plans économiques irréalistes. Un million de Yougoslaves vont quitter le pays dans les années 50 et 60, dont 100 000 en France, formant la deuxième communauté de travailleurs clandestins la plus importante après les Turcs. Ils travaillent principalement dans la confection.

Il y aura un coup d'arrêt à cette immigration économique après le choc pétrolier de 1973 et des mesures de restriction adoptées en 1974 (avec une aide financière au retour).

Il est à noter que les Français ne font pas de différence entre les « Yougos » qui vivent dans leur pays, alors qu'immigrés politiques (exilés pour fuir le régime communiste) et immigrés économiques (non hostiles à Tito, et souvent déterminés à rentrer en Yougoslavie socialiste une fois enrichis) se fréquentent peu et ne s'apprécient guère. Les premiers, plutôt d'origine bourgeoise, craignent même que les seconds (majoritairement issus du prolétariat ouvrier ou artisanal) viennent aussi pour les surveiller voire les faire éliminer s'ils critiquent trop le régime de Tito.

Au niveau des relations politiques, le schisme entre Tito et Staline en 1948 change la donne. De pays appartenant au « bloc de l'Est », la Yougoslavie devient un pays « dissident », donc susceptible de rejoindre le camp occidental : les gouvernements français regardent donc de près la situation. Ils sont poussés dans ce sens par toute une partie de la gauche, attirée par ce qu'elle pense être un modèle politique original : un « socialisme à visage humain » avant la lettre, un socialisme débarrassé de sa gangue totalitaire – le PSU de Michel Rocard et la CFDT d'Edmond Maire notamment seront très intéressés par l' « expérience yougoslave » d'« autogestion ». Des mouvements et des syndicats politiques français de gauche créent « les brigades d'été » : des jeunes Français qui viennent en Yougoslavie participer à la construction de ce socialisme non totalitaire. Paradoxe : cette même gauche enthousiaste pour le régime titiste accueillera à bras ouvert dans les années 70 les dissidents antititistes comme Milovan Đilas dénonçant… le totaliratisme yougoslave. Mais ce n'est pas le seul errement de l'*intelligentsia* de gauche en France !

Sur le plan diplomatique, c'est à Paris, par un traité signé en 1947, qu'est réglé le problème de l'Istrie, laissée à la Yougoslavie en échange de l'abandon progressif de son soutien aux communistes grecs. Et il demeure toujours cet espoir de la France, mais aussi des États-Unis, que la Yougoslavie quittera le camp socialiste : d'où une aide financière massive de la part de l'Occident. Tito, supérieurement intelligent, encaissera cet argent en laissant entendre qu'il pourrait, en effet, abandonner ses idées et son système communistes… sans en avoir jamais eu l'intention. Il ne fera que profiter de la naïveté de ses interlocuteurs, à qui il envoie néanmoins des signes prometteurs : ainsi l'absence de visa entre la Yougoslavie et les pays occidentaux. Une véritable aubaine économique : le tourisme (manne financière importante) se développe considérablement grâce à ceux qui traversent le pays pour se rendre en Grèce et ceux qui viennent profiter des plages de Croatie et du Monténégro. Les études donnent comme chiffres quelques dizaines de milliers de touristes français dans les années 50 en Yougoslavie, 100 000 en 1962, 300 000 dans les années 70 et 400 000 dans les années 80.

Au cœur de ces relations diplomatiques se font jour quelques tensions. Tout simplement parce que la Yougoslavie de Tito aide beaucoup les mouvements anticolonialistes sur les territoires français, en Indochine (entre 1946 et 1954) et en Algérie (jusqu'en 1962). Il y eut même une affaire qui faillit dégénérer en crise diplomatique en janvier 1958, quand la marine française arraisonna au large d'Oran le paquebot *Slovenija*, qui transportait des armes en direction du FLN algérien. Les médias yougoslaves couvrent d'ailleurs de très près l'activité de la rébellion algérienne contre la France, avec notamment le journaliste monténégrin Stevan Labudović dont la proximité avec le FLN le poussera à rejoindre lui-même le maquis et filmer le conflit du côté des *fellaghas*. Dans le reste de l'Afrique, Belgrade appuie aussi les mouvements indépendantistes dans les colonies françaises

Une fois achevé le processus de décolonisation, qui coïncide avec le retour du général De Gaulle au pouvoir, les relations entre les deux pays retrouvent des couleurs : pour le président français, défenseur d'une troisième voie entre les deux blocs (États-Unis et URSS), la Yougoslavie, quoique toujours communiste, offre une perspective inédite. Son idée étant de prendre la tête d'un mouvement des nations moyennes inféodées ni à Moscou ni à Washington, le profil de ce pays européen « non-aligné » l'intéresse au plus haut point. Avec un bémol : Tito. Pragmatique, De Gaulle poussera à renforcer les liens diplomatiques entre Paris et Belgrade, mais restera fidèle toute sa vie à son refus de rencontrer le bourreau de Mihailović : en cas de visite officielle en Yougoslavie, il envoie son Premier ministre ; en cas de séjour du maréchal yougoslave en France, il prend des congés… Pas dupe de ces manoeuvres, Tito ne se rendra pas aux obsèques du président français en novembre 1970. Dix ans plus tard, le président français Valéry Giscard d'Estaing clôturera cet étrange ballet fantôme en prétextant un sommet franco-africain pour ne pas assister lui-même aux funérailles du chef d'État yougoslave…

La période des années 90 et 2000 est très difficile à synthétiser : on y trouve des éléments de rupture évidents mais aussi de véritables continuités. Né avec les velléités sécessionnistes albanaises au Kosovo, puis la proclamation d'indépendance de l'Assemblée slovène, puis l'insurrection des Serbes de Krajina près de la ville de Knin après l'attaque d'un poste de police par des Croates, puis des élections multipartites donnant en Bosnie la victoire des partis nationaux communautaires (serbes, croates et musulmans), le délitement de la Yougoslavie intervient alors que François Mitterrand est président en France. Jusqu'à la fin de son mandat au printemps 1995, il suivra une politique qui se résume ainsi : « parce que l'État fédéral yougoslave a la légitimité de l'Histoire, il faut préserver à la fois ce statut fédéral et ses frontières ». Pour plusieurs raisons, il va tenir cette ligne contre vents et marées, surtout contre ses propres alliés et ses propres amis, en France comme en Occident. Quelles sont ces raisons ?

D'abord, il considère que la fédération yougoslave, malgré tout, tient sur la Serbie. Or, François Mitterrand, qui avait la mémoire longue de l'Histoire, éprouve un immense respect pour la Serbie au nom de la fraternité d'armes en 1914-18, confirmée par la Seconde Guerre mondiale. Pour lui, les Serbes ont toujours été du bon côté de l'Histoire. Dans la *Frankurter Allgemeine Zeitung* du 29 novembre 1991, il rappelle par exemple que « la Croatie a appartenu au bloc nazi ». De la même façon, il dira à Laure Adler, qui le relate dans un livre : « J'aime les Serbes, oui et alors ? Comment oublier leur courage ? Ce sont les Croates qui ont opprimé 700 milles Serbes ».

Ensuite, il estime que dans le processus de déliquescence de la Yougoslavie, c'est l'Allemagne qui est à la manœuvre, notamment en raison de sa proximité historique, culturelle et géographique avec la Croatie et la Slovénie. Mitterrand craint donc qu'une implosion de la Yougoslavie offre à Berlin l'occasion d'étendre son influence dans la région et de renforcer, à terme, son poids au sein de la Communauté Economique Européenne (CEE), qui deviendra l'Union Européenne (UE) en 1993.

Troisième élément : le président français a peur d'un effet de contagion des nationalismes locaux. Aujourd'hui, le mouvement a lieu au cœur de l'ex-empire communiste, mais qui sait s'il n'arrivera pas demain en Europe de l'Ouest ? Et si les Corses, les Basques ou les Bretons prenaient exemple sur ce qui se passe en Croatie, en Slovénie, au Kosovo ou en Bosnie pour revendiquer leur autonomie ou leur indépendance ?

François Mitterrand va donc prendre un certain nombre d'initiatives pour éviter que s'effondre totalement la fédération yougoslave. Il va proposer notamment l'institution d'une garantie internationale de protections des minorités. Mais aussi le déploiement d'une force d'interposition internationale de l'ONU afin de maintenir, là où c'est possible, des zones de paix : sur les 15 000 hommes de la FORPRONU, la moitié seront des soldats français. Régulièrement, il demande aussi des couloirs humanitaires. Au total, il sera à l'origine de plus de 20 résolutions à l'ONU dans cette période. De même, il s'opposera parfois aux Américains, très hostiles aux Serbes, lorsqu'ils réclameront de lever l'embargo international sur les armes en direction de la Yougoslavie afin d'armer les musulmans de Bosnie. Mitterrand empêchera cette initiative en arguant qu'on transformerait la guerre civile yougoslave en conflit international majeur hors de tout contrôle. On le lui reprochera beaucoup en l'accusant d'avoir ainsi aidé « le bourreau serbe » à massacrer ses ennemis, notamment à Srebrenica.

En 1995 s'opère un changement notable avec l'élection de Jacques Chirac à la tête de la France. Investi le 18 mai, il est traumatisé le 26 mai par la vision humiliante sur un poste de télévision de soldats français qui se rendent, drapeau blanc à la main, aux troupes de la république serbe de Bosnie ayant pris d'assaut un poste d'observation de la FORPRONU à Sarajevo en représailles de bombardements de positions serbes à Pale. Chirac convoque son chef d'état-major et lui dit : « Je ne veux plus voir ça ». Le soir même, le capitaine Lecointre (qui est aujourd'hui le chef de l'état-major de l'armée française) reprend la position, près du pont de Vrbanja : il y a des morts dans chaque camp. L'événement montre que la France ne considère plus les Serbes comme « protégés » par leur statut de vieil allié historique. Confirmation trois mois plus tard, lors de l'opération *Oluja* en Krajina, au cours de laquelle les forces croates chassent de la région des centaines de milliers de Serbes qui y vivent depuis des siècles : Paris ne réagit pas, laissant de fait se dérouler cette opération d'épuration ethnique.

Les accords de Dayton mettent un terme aux guerres de Yougoslavie en décembre 1995 sans que des relations apaisées soient rétablies : tant que Slobodan Milošević demeure au pouvoir, le pays est sous embargo international, y compris de la part de la France. Mais en 1999, Jacques Chirac va de nouveau engager l'armée française contre la Yougoslavie dans l'affaire du Kosovo, non sans avoir tenté une ultime médiation pour éviter la guerre avec la conférence de Rambouillet. Son échec est dû à la fois à la détermination américaine de faire cesser ce que Washington considère comme une nouvelle épuration ethnique, au refus des autorités yougoslaves de laisser des pays étrangers pénétrer au sein de son territoire (comme en 1914, lorsque Belgrade refusa l'article de l'ultimatum de Vienne réclamant une enquête autrichienne en Serbie sur l'attentat de Sarajevo contre l'archiduc François-Ferdinand de Habsbourg) et l'entêtement des sécessionnistes albanais de l'*UCK* à refuser l'idée d'autonomie au profit d'une indépendance pure et simple du Kosovo.

La campagne de bombardements de la Serbie (78 jours entre mars et juin 1999) par les forces de l'OTAN (sans résolution de l'ONU) représente le pic des mauvaises relations entre la France et la Yougoslavie. Il est néanmoins à noter que Jacques Chirac oeuvra pour atténuer la « punition » infligée aux Serbes : en empêchant que soient bombardés les ponts de Belgrade et les ports du Monténégro, en s'opposant à l'attaque de certaines cibles que souhaitaient détruire le général Clark, qui dirigeait les opérations. Après le retrait des troupes serbes du Kosovo, le président français insiste aussi pour que les soldats français participent activement à la *KFOR*, avec pour mission notamment de protéger les monastères et les villages serbes menacés de représailles par les Albanais. Leur présence, très appréciée, permettra de retisser le lien distendu par les bombardements avant que le renversement de Milošević, durant la révolution du 5 octobre 2000, ne les réchauffe définitivement. Là encore, Jacques Chirac est à la manœuvre puisqu'il ordonne, seulement quatre jours après la chute du président yougoslave, que soit levé l'embargo politique et économique pesant sur Belgrade. Par ce geste, la France dit aux Serbes : « vous avez chassé le tyran Milošević, vous êtes donc immédiatement réintégrés au concert des nations ». De même, le nouveau maître du pays, Vojislav Koštunica, est invité comme observateur au sommet européen de Biarritz avant même que soient organisées des élections nationales. C'est un signe envoyé non seulement à la communauté internationale, non seulement aux Américains, plus prudents, mais surtout aux Serbes : c'est leur dire qu'après une trop longue parenthèse, les relations entre la France et la Serbie vont reprendre comme elles existaient il y a 180 ans, il y a 100 ans, il y a 50 ans…

Témoignage de M. Jean-Pierre Chevènement

Je fais partie de cette génération qui se souvient de l'héroïsme du peuple serbe pendant la Première Guerre mondiale, du rôle évidemment très important qu'a joué l'armée d'Orient dans la demande d'armistice de l'Empire austro-hongrois, précédant la demande d'armistice de l'Allemagne d'une dizaine de jours à peu près. J'ai rappelé dans un livre le rôle de l'armée d'Orient mais également celui des Russes qui, en 1914, nous ont quand même soulagés sur le front de la Marne en envahissant la Prusse orientale, obligeant l'Allemagne à retirer à peu près deux corps d'armée du front occidental. Contrairement à ce que l'on peut parfois lire sur l'alliance franco-russe, elle n'est pas à l'origine de la Première Guerre mondiale. Il faut rappeler que c'est l'Allemagne qui a déclaré la guerre, au prétexte de la mobilisation générale de l'armée russe, mais en réalité en application du plan Schlieffen datant de 1905 qui prévoyait l'invasion de la France dans le but de permettre à l'Allemagne de se retourner rapidement contre la Russie. Déjà à l'époque, il y avait une surestimation de ce qu'était la puissance russe ; je crois que la mobilisation prenait beaucoup de temps étant donné l'immensité du territoire, le mauvais état des communications, etc.

Cependant, vous m'avez demandé de parler d'autre chose que de ce contexte géopolitique ancien, mais sans lequel on ne peut comprendre ce qui se passe aujourd'hui. Je suis de ceux qui n'ont pas partagé le manichéisme souvent lié à la dissociation de la Yougoslavie. Pour ma part, j'ai regretté la fin de la Yougoslavie, comme sans doute François Mitterrand, dont

M. Buisson a décrit la psychologie. Mais ce que vous n'avez pas dit, c'est que la France a été quand même amenée à suivre l'Allemagne quand celle-ci a reconnu l'indépendance de la Croatie en décembre 1991. Je le disais tout à l'heure à Madame l'Ambassadrice, la Yougoslavie a fait partie des dégâts collatéraux du traité de Maastricht, sans vouloir mettre en cause cette belle unité européenne que le traité venait de sceller le 11 décembre 1991. Or, une semaine après l'Allemagne, la France et tous les autres pays membres de la Communauté européenne reconnaissent l'indépendance de la Croatie et de la Slovénie qui l'avaient proclamée en même temps.

On peut simplement considérer qu'il aurait été bon qu'un État fondé sur la citoyenneté se maintienne au cœur des Balkans. C'était important et, d'ailleurs, j'ai relayé certains signaux. Je me souviens que, comme Ministre de la Défense, j'étais destinataire de notes que me faisaient remonter les services sur lesquels j'avais autorité. Malheureusement, ces notes montraient très bien les intentions d'un pays étranger que je ne vais pas désigner en Croatie pour, comment dirais-je, susciter et appuyer l'agitation du milieu nationaliste croate. C'était peu de temps après la mort de Tito, peut être huit ans après, en 1988. Or, il y avait déjà une certaine fragilité de la construction yougoslave qui tenait aux réformes constitutionnelles qu'avait faites Tito. Il avait même reconnu, pour des raisons politiques de non-alignement, une nationalité « musulmane ». C'était probablement une erreur, puisque la Ligue des communistes a été incapable de se maintenir à la fin de l'année 1990 lors des élections qui, me semble-t-il, ont eu lieu dans toutes les républiques fédérées, et qui ont permis l'émergence de forces nationalistes : Tudjman en Croatie, Izetbegović en Bosnie. Enfin, il y avait le parti serbe, celui de Milošević qui était déjà au pouvoir en Serbie.

Il est très difficile de comprendre la dissociation de la Yougoslavie en dehors du contexte géopolitique global. La date de dissociation de la Yougoslavie est la reconnaissance internationale de l'indépendance d'une république fédérée qui n'avait pas jusqu'alors d'existence au regard du droit international, au lendemain de la signature du traité de CSCE, qui reconnaissait l'intangibilité des frontières en Europe (novembre 1990). Cependant, un an après, en décembre 1991, l'Allemagne reconnaît l'indépendance de la Croatie et de la Slovénie, et une semaine après tous les autres pays européens en font autant. Donc la réalité est que à partir de là, la Yougoslavie n'existe plus ; et il me semble – et là je réagis aux propos de M. Buisson – que le voile noir sur le monument de la reconnaissance de la France situé dans le parc Kalemegdan à Belgrade, « Nous aimons la France comme elle nous a aimé en 1914-1918 », a été posé à ce moment-là, ce qui affecta François Mitterrand. Il est vrai que son état d'esprit était celui que vous avez dit : François Mitterrand ne souhaitait pas qu'on aille au-delà de l'interposition entre fractions yougoslaves. Mais l'élection de Jacques Chirac a incontestablement marqué une rupture par rapport à cette doctrine d'interposition. Bien sûr, on ne peut rien comprendre au contexte si on ne se remémore pas la réunification de l'Allemagne, la désagrégation et l'implosion finale de l'Union soviétique en 1991. Par ailleurs, les États-Unis accèdent au rang d'hyperpuissance, la seule reconnue à l'échelle mondiale comme dominante. C'est l'époque où Fukuyama écrit cet ouvrage où il est question de la « fin de l'Histoire », mais curieusement pour les Yougoslaves ça ne marche pas. Ce n'est pas la fin de l'Histoire, c'est le début des guerres yougoslaves, les déchirements qui marquent la fin de l'ex-Yougoslavie en deux phases donc : une première guerre yougoslave, Slovénie, Croatie, Bosnie, jusqu'à Dayton.

Je ne veux pas oublier les Américains, dans ce tableau d'ensemble : contre qui est dirigée l'OTAN ? La Russie soviétique qui est en proie à une sorte de liquéfaction, avec un pouvoir qui aspire à avoir de bonnes relations avec les Occidentaux, les États-Unis en particulier. Donc pour maintenir l'OTAN, la Yougoslavie, du point de vue américain, était une occasion extraordinaire. Ils ont utilisé l'OTAN pour intervenir en

Yougoslavie et pour légitimer, en quelque sorte, la perpétuation de cette alliance qui manquait d'ennemis.

Donc la Yougoslavie fait les frais de cette conjonction de facteurs : implosion de l'URSS, réunification de l'Allemagne dont le poids pèse et oriente la politique étrangère de toute l'Europe. Pour la France, c'est évidemment une situation difficile parce que ce n'était pas l'objectif de notre politique européenne (déclaration de Robert Schuman le 9 mai 1950, puis le général de Gaulle recevait à Colombey-les-Deux-Eglises le Chancelier Adenauer, pour communier ensemble à la cathédrale de Reims, voyage en Allemagne pour saluer la jeunesse allemande, dans les termes que vous savez). Le traité de l'Élysée enfin qui ne donne pas les résultats escomptés, puisqu'il est vidé de sa substance par un préambule voté par le *Bundestag*. Et de Gaulle va à Moscou pour proclamer « la détente, l'entente et la coopération ». C'est quand même assez édifiant en 1966, seulement trois ans après le traité de l'Élysée ; cela renseigne sur ce que pensait réellement le général de Gaulle. L'Allemagne reste néanmoins notre voisin, c'est un peuple qui a évidemment une histoire commune avec la nôtre. Disons que nos destins se sont séparés au moment du partage de l'Empire de Charlemagne en 843, mais ils sont restés liés.

Avec Jacques Chirac, une autre approche prévaut, et je me souviens d'une visite qu'il m'a faite à l'hôpital du Val-de-Grâce, lors de laquelle il m'a dit « Faisons un tour d'horizon : la politique mondiale, les frappes sur Bagdad » – il en était tout à fait contre – et puis il m'a dit : « Bah ! j'ai connu Milošević, c'était en octobre 1998 je crois, il a quand même un 'petit côté' Saddam Hussein ». C'était sans commentaire. Je continue dans le domaine des confidences : François Mitterrand m'a invité à un petit-déjeuner, un peu avant, en 1994 ; il m'a dit : « Mais je constate quand même sur le terrain que la diplomatie allemande reprend non seulement l'héritage de ce qu'était la diplomatie du *Reich* mais également l'héritage de la diplomatie austro-hongroise ».

Mais je reviens aux relations franco-serbes. Il y a eu cette affaire du Kosovo, mal posée et mal élucidée à la conférence de Rambouillet entre février et mars 1999, où le Président Milošević a effectivement refusé qu'une force de l'OTAN puisse venir au Kosovo. Il avait même été question qu'elle vienne en Yougoslavie. Les indépendantistes kosovars, qui étaient à la conférence de Rambouillet, font semblant d'accepter un texte qui était très différent de celui qui a été présenté, de sorte qu'on puisse faire porter le chapeau aux Serbes.

Si les bombardements de l'OTAN ont commencé une semaine plus tard, c'est dû à la mauvaise volonté de Milošević ; c'est ainsi que les choses ont été présentées. J'étais alors Ministre de l'Intérieur, ce qui se passait au Kosovo n'était pas dans mes attributions, et il y avait suffisamment de problèmes comme ça, je ne vais pas les énumérer. Je me souviens avoir dit à mon ami, Hubert Védrine, que je respecte beaucoup : « Mais il faut arrêter ça, ça n'a pas de sens ! », et Hubert m'a répondu : « Mais je suis sur un toboggan, Madeleine Albright prend toute seule les décisions, tout le monde suit, alors on essaye de freiner ».

Je ne vais pas vous raconter ce qui s'est passé au sein du gouvernement ni ce que j'ai pu dire à Lionel Jospin, mais les bombardements de l'OTAN font partie de contentieux.

Ces bombardements ont cessé au mois de juin 1999, Milošević a été renversé en 2000. En 2001, Jacques Chirac tenait toujours à préciser – et je tiens à lui rendre cette justice – que ce n'était pas une guerre que la France faisait contre le peuple serbe, mais c'était une guerre contre Milošević. Je ne sais pas si c'était formulé en ces termes, mais en tous cas les interventions de Jacques Chirac pour modifier les cibles choisies par l'OTAN étaient une réalité connue dans le gouvernement.

Cela n'a pas empêché Jacques Chirac d'aller en Serbie, en 2001. Je pense que c'est un des faits qui montre que la Serbie a toujours occupé une place spéciale dans la diplomatie française. Notre relation a commencé il y a très longtemps, le sang de nos soldats combattant épaule contre épaule n'a pas coulé en vain.

Alors je voudrais maintenant en venir à des choses plus actuelles. M. Zoran Djindjić, Premier ministre de 2001 à 2003, a engagé la Serbie, et en 2014 officiellement, le Premier ministre de l'époque Aleksandar Vučić, dans la voix d'une négociation visant à son adhésion à l'Union européenne. Cette négociation promet d'être longue car il y a trente-cinq chapitres… La France vient de proposer de les réduire à sept, mais c'est une discussion assez complexe.

La situation est telle qu'il faut se poser la question de savoir si on ne doit pas tendre vers un meilleur fonctionnement de l'Union européenne avant d'aller plus avant dans l'élargissement. La question se pose car nous serons bientôt trente, voire plus. Est-ce tenable ?

Comme vous l'avez remarqué, suite aux dernières élections européennes, il n'y a plus de majorité au Parlement européen composée du PPE (Parti Populaire Européens, qui est le rassemblement de partis conservateurs) et du PSE (le rassemblement de partis socialistes). Jusqu'à présent ça marchait très bien parce qu'il y avait un Allemand à la tête du PPE, et également à la tête du PSE, et finalement l'affaire roulait. Maintenant, il faut aussi l'apport des voix des partis libéraux dans une Europe qui va perdre la Grande-Bretagne. Il y a un équilibre qui a été trouvé puisque le principe du *Spitzenkandidat*, le candidat tête de liste, chose qui n'existe pas dans les traités, a été abandonné par Mme Ursula von der Leyen. En réalité les pays européens se sont mis d'accord entre eux pour que Mme Ursula von der Leyen devienne la Présidente de la Commission, que Mme Lagarde accède à la tête de la BCE, et qu'un Belge, M. Charles Michel, soit Président du Conseil européen à la place de M. Tusk qui vient de se faire élire Président du PPE. J'oubliais un Espagnol, M. Borell, qui va devenir Haut représentant pour les affaires extérieures. Donc c'est évidemment une négociation qui a permis d'aboutir à ce résultat, qui n'est pas forcément conforme à ce qu'aurait été la situation si l'on avait gardé le principe ancien, et si surtout PPE et PSE étaient restés majoritaires à eux seuls.

Pour vous dire les choses simplement, comme ami de la Serbie : je pense que l'affaire sera longue ; vous auriez intérêt, je l'ai déjà dit à Madame l'Ambassadrice, à négocier un traité intérimaire qui est un arrangement pour avoir accès à ce qu'il y'a de plus important : le marché unique, le grand marché, si vous avez des choses à exporter, notamment vos produits agro-alimentaires. Il faudrait évidemment harmoniser la fiscalité pour mieux nous protéger avec une préférence communautaire, mais on n'en est pas là. Disons quand même que dans l'état actuel des choses, c'est un enjeu intéressant. Deuxième enjeu, c'est l'accès aux crédits structurels qui peuvent quelquefois être alloués à des pays non-membres. Cela a été le cas même pour la Russie qui a bénéficié de crédits. La Serbie pourrait prétendre à beaucoup mieux. Et au niveau des infrastructures européennes, la Serbie pourrait être une candidate pour bénéficier d'infrastructures de communication qui relierait l'Europe centrale à la Méditerranée ; ce serait intéressant d'avoir une négociation juste plutôt que d'attendre indéfiniment.

Prospective de M. Frédéric Mondoloni

Je suis heureux d'intervenir à l'occasion de ce colloque qui marque le 180e anniversaire de l'établissement des relations diplomatiques entre la France et la Serbie.

Les orateurs précédents ont axé leurs interventions sur les aspects historiques des relations entre nos deux pays. Après les avoir entendus, nous mesurons mieux la richesse du legs historique dont nous sommes les dépositaires.

Je retire de ce tableau historique la conviction que la longue amitié qui unit nos deux pays se fonde notamment sur l'attachement partagé des Français et des Serbes pour la liberté, liberté des hommes mais aussi liberté des peuples, d'être acteurs de leur propre destin face aux autres pôles de puissance.

Mon propos portera davantage sur ce que représentent aujourd'hui pour nous les relations avec la Serbie, et sur la vision que nous en formons pour l'avenir.

Ce qui guide cette vision, c'est la conviction profonde que nous partageons un destin européen commun. Je citerai les mots du président Macron lors de sa visite à Belgrade en juillet dernier, lors de la cérémonie inaugurale du Monument rénové de reconnaissance à la France : « L'Europe ne sera elle-même que quand la Serbie y sera pleinement ».

La vocation de la Serbie, de même que celle des autres pays des Balkans occidentaux, à adhérer à l'Union européenne, ne fait pour nous aucun doute. J'y insiste car je sais que les développements récents ont conduit certains, à Belgrade ou ailleurs, à prêter à notre pays des intentions différentes, qui ne sont pas les nôtres. Soyons clairs : la France ne porte pour la Serbie, et les autres pays des Balkans occidentaux, aucun projet alternatif à l'adhésion pleine et entière à l'Union européenne, qui reste notre objectif commun. Cet objectif figure explicitement dans la déclaration politique conjointe approuvée lors de la visite du Président de la République en Serbie les 15 et 16 juillet derniers.

Bien entendu, cette adhésion devra intervenir dans une Union européenne rénovée, au fonctionnement amélioré, ce qui bénéficiera autant aux membres actuels qu'aux futurs adhérents. Cela ne doit pas être vu par les pays candidats comme un obstacle supplémentaire mis sur leur route, mais bien plutôt comme la possibilité de rejoindre une Europe plus fonctionnelle et efficace. Cela correspond en tout cas à la vision ambitieuse que le Président de la République porte pour l'Europe.

Nous appelons de nos vœux une Europe forte et souveraine, capable de défendre pleinement ses intérêts dans le monde face aux autres puissances. Je suis convaincu que cela, un pays comme la Serbie, lui aussi attaché à sa souveraineté, le comprend parfaitement.

Le processus de rapprochement européen dans lequel la Serbie s'est engagée avec détermination sera mené en parallèle de cette réforme de l'Union, comme le président de la République l'a souligné lorsqu'il était à Belgrade justement.

Par ailleurs, vous savez que la France a fait des propositions visant à améliorer le processus de négociation avec les pays candidats. La discussion est maintenant engagée avec nos partenaires européens, mais notre volonté est d'aboutir rapidement. Nous sommes convaincus que c'est possible, dans la mesure où les idées que nous portons sur la nécessité d'une procédure plus efficace et qui réponde mieux, à la fois aux attentes de l'Union européenne et aux besoins des pays concernés, est largement partagée. La France a diffusé un document à ce sujet il y a quelques jours, non seulement aux autres États membres, mais aussi aux États des Balkans occidentaux, y compris à la Serbie.

La France se tiendra aux côtés de la Serbie pour l'accompagner dans ce cheminement vers l'Europe qu'elle a choisi. Toutes nos actions de coopération sont guidées par ce principe.

C'est le sens de la stratégie interministérielle sur les Balkans occidentaux, que le Président de la République a validée en avril dernier.

C'est également le sens de l'action que nous menons au quotidien dans nos relations avec les autorités serbes. Cet engagement accru de la France dans la région s'est d'abord traduit concrètement par la visite du président de la République à Belgrade en juillet dernier. Je saisis cette occasion pour remercier à nouveau nos amis serbes pour l'excellent accueil qui lui a été réservé. Je me réjouis que nos présidents aient eu la possibilité de se rencontrer à nouveau en marge du Forum de Paris sur la paix. Il importe maintenant que nous maintenions cette dynamique, en poursuivant avec régularité les contacts politiques au plus haut niveau.

Dans quelques jours, le ministre serbe de l'Administration et des Collectivités locales, M. Branko Ruzic, sera lui aussi à Paris, à l'invitation du Secrétaire d'État à l'Action et aux Comptes publics Olivier Dussopt, dans le cadre de la Semaine de l'innovation. Cette visite retour, qui sera l'occasion de nombreux contacts avec les différents acteurs français de la modernisation de l'État, illustre parfaitement notre volonté d'accompagner la Serbie dans son effort de rapprochement avec les meilleures pratiques européennes.

D'autres visites de responsables politiques français en Serbie sont envisagées dans les mois à venir. Je pense notamment à la visite de la ministre des Armées, Mme Parly, prévue le 13 décembre. Et nous souhaitons également continuer d'accueillir des responsables serbes en France.

Parce que le chemin vers l'Europe est synonyme de développement économique et social accru de la Serbie, le renforcement de notre coopération économique revêt également une grande importance. Avec l'extension de l'activité de l'Agence française de développement aux Balkans occidentaux, la France s'est donné les moyens d'une action à la hauteur de nos ambitions. L'Agence, qui a ouvert un bureau régional à Belgrade en septembre, peut désormais financer des projets en Serbie, et les premiers décaissements devraient intervenir dès l'année prochaine.

Nos entreprises regardent elles aussi avec intérêt vers la Serbie, et nous sommes désireux de nouer des partenariats de long terme afin de mettre l'expertise française au service de l'effort de modernisation du pays, notamment pour les grands projets d'infrastructure, qui requièrent une maîtrise technique et un savoir-faire spécifiques, en particulier dans le cadre des principes et normes communautaires. La concession de l'aéroport de Belgrade à Vinci est une illustration emblématique du partenariat franco-serbe. Et je me réjouis que les autorités serbes aient confirmé la volonté d'impliquer les entreprises françaises dans la réalisation du projet de métro de Belgrade, un projet emblématique pour notre coopération. Je me réjouis aussi que les coopérations entre industriels dans un domaine sensible comme celui de l'armement puissent déboucher sur des solutions européennes.

Les relations franco-serbes d'aujourd'hui se caractérisent par leur grande diversité, comme il se doit pour un pays qui a vocation à rejoindre l'Union européenne. Je ferai une mention spéciale de la culture et de la jeunesse, qui sont le pont vers notre avenir commun. Lors de sa visite à Belgrade, le président de la République avait initié des contacts avec des représentants du monde de la culture, et nous entendons les prolonger dans les mois qui viennent. J'encourage également la Serbie, qui a rejoint l'organisation internationale de la Francophonie avec le statut de membre associé, à s'y montrer active, y compris au sein de ses opérateurs et de son Assemblée parlementaire.

Dans le domaine de la sécurité et de la justice, nous avons trouvé en la Serbie un partenaire fiable, avec lequel la coopération est tout à fait satisfaisante. C'est également vrai en matière de sécurité extérieure avec une excellente coopération entre nos forces armées sur des théâtres d'opération hors d'Europe, comme en Afrique ou au Liban.

Nous apprécions également le rôle de la Serbie comme facteur de stabilité régionale. Nous regardons avec intérêt les efforts de développement de la coopération entre pays des Balkans occidentaux au sein du projet dit de « mini-Schengen » régional. Nous avons bien noté que celui-ci avait vocation à être rejoint par tous les pays de la région, et qu'il s'inscrivait, non pas en concurrence, mais dans le prolongement des efforts déjà déployés dans les cadres existants comme les Accords d'Association et de Stabilisation, ou le processus de Berlin. Vous savez que la France est active dans le cadre de ce dernier, comme l'illustrent la création de l'Office régional pour la coopération de la jeunesse des Balkans occidentaux, ou le renforcement de la lutte contre les trafics d'armes légères et de petit calibre.

La stabilité régionale, c'est aussi bien entendu le dialogue entre Belgrade et Pristina, et je ne saurais terminer sans rappeler la volonté du président de la République de se tenir aux côtés des deux parties pour les accompagner dans la reprise du dialogue, dès que les conditions seront réunies. Nous espérons que la formation prochaine d'un nouveau gouvernement à Pristina permettra d'avancer dans cette direction et de réunir, en liaison avec l'Allemagne et nos partenaires européens, les dirigeants des deux parties afin de donner l'impulsion nécessaire à la relance du dialogue et de la médiation européenne. Soyez assurés que la France vous apportera tout son soutien dans cette démarche.

Pour conclure, je dirais que les relations entre nos deux pays ont le vent en poupe, et qu'il nous appartiendra de bâtir sur cette excellente dynamique.

Le monument à Lamartine, érigé en 1933,
se trouve au parc de Karadjordje à Belgrade

Les auteurs

Son Excellence l'Ambassadeur de la République de Serbie à Paris
Mme Nataša Marić entourée de gauche à droite de M. Frédéric Le Moal,
M. Jean-Christophe Buisson, M. Christian Franchet d'Espèrey,
M. Jean-Pierre Chevènement, le Professeur Jean-Paul Bled,
M. Frédéric Mondoloni .

Le Professeur Jean-Paul Bled, Professeur émérite d'histoire contemporaine

Jean-Paul Bled est professeur émérite d'histoire contemporaine à Sorbonne Université où il occupa de 1995 à 2010 la chaire d'histoire de l'Allemagne contemporaine et des mondes germaniques. Il avait auparavant enseigné à l'Université Robert-Schuman de Strasbourg dont il avait notamment dirigé le Centre d'Études germaniques. Il est l'auteur d'une vingtaine d'ouvrages consacrés à l'histoire de l'Allemagne et de l'Europe centrale. Jean-Paul Bled est depuis 2015 membre étranger de l'Académie des Sciences et des Arts de Serbie. Distinctions : chevalier de la Légion d'honneur, Grand Prix Gobert (1988), Prix Pierre-Lafue (2006).

M. Jean-Christophe Buisson, Directeur adjoint de la rédaction du *Figaro Magazine*

M. Jean-Christophe Buisson est directeur adjoint de la rédaction du *Figaro Magazine* et présentateur de l'émission « Historiquement Show » sur la chaîne de télévision « Histoire ». Spécialiste des Balkans, promoteur infatigable de l'amitié historique et culturelle franco-serbe, il est l'auteur de dizaines de reportages et de plusieurs livres sur la Serbie qui ont été traduits en serbe et qui ont été récompensés aussi bien en France qu'en Serbie (dont *Mihailovic* et *Le roman de Belgrade*…). Il a été décoré en 2016 de l'Ordre national du Mérite serbe.

M. Jean-Pierre Chevènement, Homme d'État et ancien Ministre

Un homme d'État. Élu député aux élections législatives de 1973 à 1997, et en 2000, dans le Territoire de Belfort. Ancien ministre d'État, ministre de la Recherche et de la Technologie puis de la Recherche (1981-1983). Maire de Belfort entre 1983 et 2007. Ministre de l'Éducation nationale (1984-1986). Ministre de la Défense des gouvernements de Michel Rocard

(1988-1991), il démissionne le 29 janvier 1991 pour s'opposer à la guerre coloniale des États-Unis contre l'Irak. Il fonde le 30 août 1992 le Mouvement des Citoyens et, en avril 1993, démissionne du PS. Il transforme alors le Mouvement des Citoyens (MDC) en parti politique, dont il devient président. Ministre de l'Intérieur (1998-2000). Il a été sénateur du Territoire de Belfort de 2008 à 2014 et vice-président de la Commission des affaires étrangères, de la défense et des forces armées du Sénat. Il était candidat à l'élection présidentielle de 2002 et a obtenu 5,33 % des suffrages exprimés au premier tour, soit plus d'un million cinq cent mille voix. Il est président de la Fondation *Res Publica*, fondation de recherche reconnue d'utilité publique en 2005. Il préside également le club République moderne.

M. Christian Franchet d'Espèrey, Rédacteur en chef de la *Nouvelle Revue universelle*

Petit-neveu du maréchal Franchet d'Espèrey, il a fait toute sa carrière dans l'audiovisuel public comme responsable de programme à France 3 (secrétaire général des programmes, et responsable de l'Unité Documentaires). Ancien vice-président du Mémorial du Front d'Orient. Rédacteur en chef de la *Nouvelle Revue universelle*.

Le Professeur Frédéric Le Moal, Historien

Docteur en histoire (Paris IV Sorbonne), élève du professeur Georges-Henri Soutou, enseigne au lycée militaire de Saint-Cyr et à l'Institut Albert-le-Grand. Il est l'auteur de plusieurs ouvrages sur les Balkans : *La France et l'Italie dans les Balkans. Le contentieux adriatique. 1914-1919*, préface de G.-H. Soutou, Paris, L'Harmattan, 2006, Prix du mémorial du front d'Orient 2007 ; *La Serbie en guerre, 1914-1918*, Paris, Editions 14-18, 2008 ; *Le front yougoslave pendant la Seconde Guerre mondiale. De la guerre de l'Axe à la Guerre froide*, Soteca, 2012. Son livre *Histoire du fascisme* (2018) a été couronné du prix Ernest Lemonon de l'Académie des sciences morales et politiques. Dernier ouvrage : *Pie XII. Un pape pour la France*, Ed. du Cerf, 2019.

S. E. Mme Nataša Marić, Ambassadeur Extraordinaire et Plénipotentiaire en France et à Monaco

Diplômée de la Faculté d'économie de l'Université de Belgrade en 1997, S. E. Mme Nataša Marić a commencé sa carrière professionnelle dans le secteur privé. En 2000, elle rejoint le service diplomatique, et en 2001, elle est diplômée de l'Académie diplomatique du ministère des Affaires étrangères de la République fédérale de Yougoslavie. De 2001 à 2004, elle est Troisième Secrétaire à la Direction de l'Europe, puis en 2005, elle devient Deuxième Secrétaire à l'Ambassade de Serbie en France pour quatre ans. De 2009 à 2010, elle rejoint en qualité de Premier Secrétaire le cabinet de l'Adjoint du Ministre en charge de l'Union européenne. Ensuite de 2010 à 2011, elle occupe la fonction de Coordinatrice nationale adjointe au Conseil de coopération régionale (*RCC*) à Sarajevo, puis en 2012, celle de Directrice adjointe à la Direction de l'Europe au ministère des Affaires étrangères. Premier Conseiller à l'Ambassade de Serbie au Royaume-Uni de 2013 à 2017, elle est également Vice-présidente de *Diplomatic Press Attachés' Association of London* de 2017 à 2018, avant d'être nommée Ministre Conseiller en 2018. Elle officie en tant que Chargée d'Affaires a.i. de 2017 à 2018 à l'Ambassade de Serbie à Londres. Depuis novembre 2018, S. E. Mme Nataša Marić assume les fonctions d'Ambassadeur de Serbie en France et à Monaco.

M. Frédéric Mondoloni, Diplomate

M. Frédéric Mondoloni, diplomate français, est de 2000 à 2002 à la Direction des Affaires stratégiques, de sécurité et du désarmement ; puis, de 2002 à 2003, diplomate d'échange au Département d'État à Washington ; et de

2003 à 2005, conseiller à l'Ambassade de France aux États-Unis. En 2005, il devient conseiller technique au cabinet du Premier ministre. Entre 2007 et 2009, il occupe la fonction de conseiller diplomatique au cabinet du ministre de la Défense ; puis de 2009 à 2013, il est détaché auprès du Commissariat à l'Énergie Atomique (CEA), en qualité de directeur du Pôle de la stratégie et des relations extérieures et directeur des relations internationales. En 2009, il devient gouverneur pour la France auprès de l'Agence Internationale de l'Énergie Atomique, et de 2013 à 2017, ministre conseiller à l'Ambassade de France en Russie. En 2017, il est nommé Ambassadeur extraordinaire et plénipotentiaire en Serbie, poste qu'il occupera jusqu'à l'été 2019. Depuis août 2019, il est le directeur de l'Europe continentale au Quai d'Orsay. Il est décoré de la Médaille de la Défense nationale (argent) et est chevalier de l'Ordre national du Mérite.

Plaque de la rue Pierre Ier de Serbie dans le VIIIe arrondissement de Paris

Plaque de la rue de France à Belgrade.

Table des matières

Achevé d'imprimer par Corlet - 14110 Condé-en-Normandie
N° d'Imprimeur : 175288 - Mars 2022 - Imprimé en France